Wolfgang Swat

DIE TOTE
AN DER WENDESCHLEIFE

Authentische Mordfälle

Das Neue Berlin

INHALT

BIERSTREIT

»Herr Wachtmeester, ich will ne Anzeige machen gegen meinen Ollen, weil der mich am Körper verletzt hat.« Die Frau, die an einem Montagabend im November 1984 gegen 19.30 Uhr an der Pforte des Volkspolizei-Kreisamtes (VPKA) in Hoyerswerda klingelt, ist nicht mehr ganz nüchtern.

»Wer sind Sie denn, und was ist passiert?«, fragt der Uniformierte durch das Fenster der Wachstube.

Er ist, anders als heute, wo Wachleute von Sicherheitsfirmen selbst bei Polizei und Bundeswehr den Empfang managen, selbstverständlich Polizist.

»Guss heeße ich. Monika Guss, und mein Oller heeßt ooch Guss, Johannes mit Vornamen. Und der hat andauernd Schnaps aus meiner Flasche gesoffen, die ich mir gekooft hab. Da hab ich se ihm weggenomm, damit er nich alles aussäuft. Und deshalb hat er mir eene geballert, hier uff de Backe«, zeigt die Frau vieldeutig auf die linke Wange. »Und geboxt auf den Arm und die Brust hat er mir ooch, und dann issa in die Kneipe abgehauen«, sprudelt es weiter aus ihr heraus.

Wachtmeister Spatz sieht keine Verletzung im Gesicht, und den Oberkörper der Frau kann er nicht untersuchen. Außerdem ist es nicht das erste Mal, dass Monika Guss wegen ihres Mannes bei der Polizei vorspricht. Vor ein paar Monaten erst war sie wegen einer angeblichen Misshandlung da, auch in angetrunkenem Zustand, und dann hatte sie alles zurückgenommen.

»Frau Guss, in Ihrem betrunkenen Zustand kann ich die Anzeige nicht entgegennehmen. Lassen Sie sich von einem Arzt Ihre Verletzungen bescheinigen, und dann kommen Sie morgen wieder her. Aber nüchtern, bitte«, bestimmt Wachtmeister Spatz und schließt die kleine Sprechluke im Fenster.

»Nicht mal geholfen wird eenem, wenn man vom Ollen grün und blau geschlagen wird«, empört sich die Abgewiesene und trollt sich. Der Polizist macht einen Vermerk im Wachbuch und lehnt sich in seinem Stuhl zurück. »Die sehn wir morgen nicht wieder«, ist er sich ziemlich sicher.

Knapp sieben Stunden später klingelt Johannes Guss an der Tür des VPKA. Auch er ist angetrunken, wie zuvor seine Gattin. Was er sagt, will der diensthabende Polizist – es ist noch immer der Behördenangestellte Spatz – kaum glauben.

»Herr Wachtmeister, ich möchte mich stellen. Ich habe meine Frau umgebracht«, sagt Guss und streckt dem Polizisten beide Hände entgegen in Erwartung der Handschellen, die nun klicken müssten. So weit ist es noch nicht, doch weggeschickt wie Monika Guss wird der Mann nicht. Wachtmeister Spatz verständigt den kreislichen Kriminaldauerdienst der VP und beordert einen Streifenwagen zur Wohnung, die nur ein paar Straßenzüge entfernt in der Altstadt von Hoyerswerda liegt.

Im Flur des Eckhauses vor der Tür des Nachbarn finden die Polizisten Monika Guss in einer Blutlache. Sie ist tot. Jetzt klicken bei Johannes Guss tatsächlich die Handschellen. Irgendwie scheint er darüber sogar erleichtert.

Die Beziehung zwischen Monika und Johannes Guss war keine Liebe auf den ersten Blick, eher eine der guten Gelegenheiten. Monika Traut – wie sie damals noch hieß – war zwar verheiratet, Ehemann Traut aber für längere Zeit unabkömmlich durch die Erfüllung seines »Ehrendienstes« bei der Nationalen Volksarmee zum Schutz der Arbeiter-und-Bauern-Macht. Monika ist 22 Jahre alt und Mutter eines Sohnes, als ihr im Sommer 1978 auf der Arbeit in einem der Lausitzer Tagebaue der junge Kohlekumpel Johannes Guss über den Weg läuft. Das darf man durchaus als Zufall werten, denn Johannes ist nicht gerade ein Ausbund an Fleiß und Zuverlässigkeit. Statt zu arbeiten, zieht er lieber mit Kumpels durch die Gegend und die Kneipen, was dem 18-Jährigen bereits mehrere strenge Verweise in der betrieblichen Kaderakte einbrachte. Monika, die das Leben ebenfalls eher auf die leichte Schulter nimmt, ist einem Abenteuer mit dem schwarzhaarigen, gut aussehenden Mann nicht abgeneigt. Dass er fast vier Jahre jünger ist, macht es noch spannender. Der kurzen freundschaftlichen Beziehung folgen bald die intime Nähe und die Konflikte, die sich damit verbinden. Schließlich ist ihr der abkommandierte Ehemann nicht einerlei, vor allem dann nicht, wenn er Urlaub hat vom »Dienst an der Waffe«.

Aus dem Leben zu scheiden ist für sie im Widerstreit der Gefühle für beide Männer der einzige Ausweg. Zwei Versuche unternimmt sie, beide scheitern. Einmal dreht der Ehemann noch rechtzeitig den Gashahn zu, das zweite Mal ist Johannes der Retter, ihr Geliebter, für den sie sich letztlich entscheidet. Der Ex-Ehemann zieht aus der Wohnung aus und Johannes dort ein. Wenn auch noch nicht so richtig, denn der wackere Bursche erhält sich mit einer anderen Freundin namens Hedwig ein zweites Eisen im Feuer seiner Leidenschaft. Sogar ein Kind hat er mit ihr.

Mit Monika, die er 1980 heiratet, zeugt er ebenfalls Kinder, drei an der Zahl. In den nächsten drei Jahren führt das Paar eine gute Ehe. »Nur ab und zu gab es mal Streit, wie es wohl in jeder Ehe vorkommt«, stellt er dazu fest. Dass es dabei mehrfach zu Prügeleien kommt, bei denen die Fäuste des Mannes im Gesicht der Frau landen, soll die Harmonie nicht gestört haben. Auch den Kindern seien sie gute Eltern gewesen. »Sie bekamen täglich ausreichend zu essen und zu trinken, und sie wurden fast täglich gewaschen oder gebadet.«

Verwandte und Erzieher in der Kinderkrippe haben eine andere Wahrnehmung. Die staatliche Jungendhilfe greift wegen der zunehmenden Verwahrlosung der Kinder ein und bringt sie im Heim unter.

Das unstete Leben des Johannes Guss beginnt schon in der Kindheit und dreht sich immer schneller in Richtung Abgrund. Die Ehe der Mutter wird geschieden; ob er, das Kuckuckskind, der Grund ist, ist unbekannt. Mit seinen drei Geschwistern lebt er gemeinsam mit Mutter und Oma zusammen. Die Schule schafft Johannes nur mit dem Abschluss der sechsten Klasse, nicht aus Dummheit, sondern weil er macht, was ihm gerade in den Sinn kommt. Und das hat mit Lernen sehr wenig zu tun. Die Lehre als Teilfacharbeiter für Anlagen und Geräte im örtlichen Braunkohlekombinat »Glückauf« schafft er mit der Note drei, das Geleistete in der Tagebauentwässerung der Kohlegrube verdient kaum ein Mangelhaft. Aus Jux dreht er den Hauptschalter einer Wasserableitungsanlage aus, was zum Stillstand des Tagebaus führt. Die Verhandlung vor der betrieblichen Konfliktkommission mit einer Geldbuße von 350 Mark ist die Quittung. Zur Besinnung bringt ihn das gesellschaftliche Gericht nicht. Es folgen Fehlschichten, fristlose Kündigung, neue Arbeitsstellen in immer kürzeren Abständen und lange Phasen von Fehlschichten, zwei Strafen wegen Rowdytums und gefährlicher Körperverletzung und schließlich die Registrierung als »kriminell gefährdete Person« bei der Abteilung Inneres des Rates der Stadt Hoyerswerda mit Auflagen und Meldepflichten.

Die Ehe zwischen Monika und Johannes Guss halten nur noch Bier und Schnaps und zunächst das Miteinander im Bett zusammen. Mit den Geldsorgen nehmen Handgreiflichkeiten und Gewalt zu. Der Hass auf die einst Geliebte entlädt sich im Juli 1983 mit einem wuchtigen Stoß mit dem Knie ins Gesicht der Ehefrau. Die Folgen sind ein doppelseitiger Bruch des Unterkiefers, stationäre Behandlung und acht Wochen Beschwerden beim Kauen und Sprechen. Johannes Guss zieht weg von der Gattin, zurück ins »Hotel Mama«. Das verlassene Eheweib nutzt die neu gewonnene Freiheit für Alkoholpartys und intime Belustigungen, was Ehemann Johannes als Fremdgehen geißelt.

Statt einen Schlussstrich unter die sinnlose Ehe zu ziehen, entscheiden sich beide für ihre Fortsetzung. »Weil ich kein Geld für die Scheidung hatte, haben wir uns geeinigt, dass wir es noch einmal miteinander versuchen«, begründet Guss den Neubeginn Ende des Jahres 1983. Der erweist sich schon drei Monate später als Fehlstart. Sie streiten sich um Schnaps, Bier, Zigaretten und Geld und stellen fest, dass das Verlangen nach Alkohol stärker ist als alles andere, was Frau und Mann für ein gemeinsames Leben bindet. Abscheu und Hass gewinnen die Oberhand und kulminieren an jenem Novembermontag im Jahr 1984 auf grausame Weise.

Der Tag beginnt für Johannes Guss wie immer. Gegen elf Uhr am Vormittag gelingt es ihm endlich, sich aus dem Bett zu schälen. Der Gaststättenbesuch in seiner Stammkneipe »Zum Bierfass« am Vorabend steht ihm ins Gesicht geschrieben. Ein schlechtes Gewissen quält ihn aber wegen der Sauferei nicht, und ebenso wenig, dass er, wie seit Wochen schon, erneut jeder vernünftigen Arbeit und damit einem Einkommen aus dem Weg geht. Aufforderungen der Abteilung Inneres des Rates der Stadt und eines Betriebes, in dem ihm ein Arbeitsplatz zugewiesen worden war, nimmt er nicht zur Kenntnis. Warum auch? Schließlich hat ihm das Kreisgericht vor ein paar Tagen mitgeteilt, dass er demnächst seine Haftstrafe anzutreten hat. Sieben Monate Freiheitsentzug hat man ihm aufgebrummt, nur weil er der Nachbarin ein paar Ohrfeigen gegeben hatte. Die verbleibenden Tage in Freiheit will der 24-Jährige noch ungestört genießen.

Ehefrau Monika, die ebenfalls daheim ist, bekommt Johannes nur kurz zu Gesicht. Sie verschwindet gegen Mittag mit einem Bekannten für ein paar Stunden auf dessen Wochenendgrundstück. Wenigstens bringt sie bei der Heimkehr eine Pulle Korn mit, aus der allerdings schon ein Viertel fehlt. Im Einkaufsnetz klappern zwischen einem Stück Butter und einem Bund Suppengrün einige leere Bier- und Seltersflaschen. Guss stärkt sich mit ein paar Schluck aus der Schnapsflasche und verschwindet mit dem Leergut in die nur knapp hundert Meter entfernt liegende Verkaufsstelle. Der Erlös der Flaschen reicht für eine Schachtel Zigaretten der Arme-Leute-Marke »Karo« und zwei Selters. Drei Flaschen Bier, das hat er gesehen, stehen noch in der Küche. Später erleichtert er das Portemonnaie von Ehefrau Monika um die letzten 1,60 Mark, die da noch drin sind, für eine weitere Schachtel »Karo«, setzt sich in den Sessel und sieht fern, während die Hausfrau in der Küche das Suppengrün putzt und mit einem Stückchen Fleisch im Kochtopf versenkt. Eine Prozedur, die ihr nicht mehr ganz leicht fällt. Schließlich ist der Pegel in der Schnapsflasche inzwischen beträchtlich gesunken.

Als Johannes sich auch noch ein »Körnchen« genehmigen will, herrscht ihn die Gattin an: »Sauf mir nicht meinen Schnaps weg. Die Flasche habe ich mitgebracht. Und räum endlich die Schalen vom Suppengrün weg, die du da hingeschmissen hast«, hört er sie meckern.

»Die haste selber da hingeschmissen in deinem Suff.«

Ein Wort gibt das andere. Der Streit wird immer lauter und heftiger.

»Ich hab die Schnauze voll von dieser ewigen Stänkerei«, kocht es in ihm. »Andauernd hältst du mir Sauferei vor, dabei säufst du noch viel mehr.« Guss gibt der Gattin eine Ohrfeige, schnappt sich seine Jacke vom Kleiderhaken und macht sich auf »Zum Bierfass«, das nur knapp zehn Gehminuten entfernt von der Wohnung schnell erreicht ist. Dort, da ist er sich sicher, sind seine Kumpels, und die rechnen ihm nicht jedes Glas vor. Monika zieht sich ebenfalls an und geht zur Polizei, um den »Ollen« anzuzeigen wegen »der Verletzung des Körpers«. »Dem werd ich's zeigen«, schwört sie sich.

Zehn kleine Bier, die Gewohnheitstrinker Johannes in den vier Stunden im »Bierfass« konsumiert, haben seinen Durst noch nicht gestillt. Zu Hause angekommen, sucht er nach dem köstlichen »Wittichenauer«, von dem noch etwas da sein muss. Zwei leere Flaschen stehen auf dem Küchentisch, die dritte ist nirgends zu finden. Monika, die im Bett liegt und ein Buch liest, gibt sich ahnungslos. »Das Bier habe ich ausgetrunken. Na und ...«

Wutschnaubend dreht sich Guss um und sucht überall, im Korridor, im Bad und im Wohnzimmer, nach dem »Wittichenauer Bock«. Die Flasche ist und bleibt verschwunden, obwohl er alles und vor allem die Küche fast auf den Kopf stellt. Plötzlich steht Monika in der Tür, geht in ihrem blau-weißen Nachthemd zum Kühlschrank, lehnt sich gegen die Tür und schaut belustigt dem Treiben ihres Mannes zu.

»Brauchst nicht zu suchen. Ich hab gesagt, dass ich das Bier ausgetrunken habe.«

»Quatsch nicht blöd rum. Wo ist denn dann die leere Flasche? Haste wohl weggeschmissen. Versteckt haste das Bier, so wie du meinen Schnaps auch immer versteckst. Gib's endlich zu, sonst passiert was.«

Guss greift sich voller Wut das Küchenmesser, das noch vom Suppengrün-Schälen auf dem Küchentisch liegt, nimmt es links zwischen Daumen und Zeigefinger und drückt Monika die Messerspitze gegen den Hals unterhalb des Kehlkopfes. »Gib das Bier her, oder ich steche zu.«

Statt des Hopfengetränks erhält er nur ein verächtliches, höhnisches Lachen. »Das Maß ist voll, ich will endlich Ruhe haben, rauskommen aus diesem Eheleben. Ich mache Schluss damit«, schießt es ihm durch den Kopf. Sekunden später spürt die Frau, dass es dem Mann ernst ist mit seiner Drohung. Guss nimmt das Küchenmesser in die rechte Faust und zögert einen kurzen Moment. »Will ich das wirklich tun?« Er bleibt wild entschlossen und rammt die Klinge von oben nach unten in den Hals des wehrlosen Opfers. Das Blut an der Klinge ekelt ihn so sehr, dass er das Messer nach dem Herausziehen flüchtig abwischt und Richtung Küchenschrank wirft. Die Frau, die ihre Hände auf den Hals presst, interessiert ihn nicht. Er staunt lediglich darüber, dass sie nicht sofort tot zusammengebrochen ist.

Johannes Guss geht ins Wohnzimmer, zündet sich eine »Karo« an, legt sich auf die Couch und schaltet den Fernseher ein. Er hört noch, wie Monika die Wohnung verlässt und beim Nachbarn klingelt. Dort öffnet kurz vor Mitternacht niemand. Guss nickt für ein reichliches halbes Stündchen ein. Brennender Durst bringt ihn zum Erwachen. Er torkelt für ein Glas Wasser in die Küche und entdeckt überall in der Wohnung Blut: an der Badtür, am Kühlschrank, auf dem Fußboden in der Küche. Mit Abwaschlappen und Scheuertuch macht er sich an die Beseitigung der Blutlachen und spült die Lappen im Spülbecken und der Badewanne aus. Er geht mit einem nassen Tuch in den Treppenflur, um auch dort mögliche Blutspritzer zu beseitigen. Vor der Tür des Nachbarn hockt seine Frau mit bis zur Brust angezogenen Knien, auf denen das Gesicht ruht, so als schlafe sie. Ihre rechte Hand ist nach hinten abgewinkelt. Guss fühlt den Puls, ein Lebenszeichen stellt er nicht fest. »Sie ist tot.« Der Gedanke erschreckt ihn nicht. »Endlich hat die ganze Stänkerei ein Ende, und ich kann neu anfangen«, geht es ihm durch den Kopf.

Er kehrt zurück in die Wohnung, hängt das nasse Tuch, das er noch immer in der Hand hält, in der Küche hinter dem Vorhang auf die Stehleiter, richtet das zerwühlte Sofa her, räumt Aschenbecher und Trinkglas vom Tisch und steckt sich die angebrochene Schachtel »Karo« in die Hosentasche. Es soll ordentlich aussehen, wenn die Polizei kommt. Guss zieht sich den Anorak an, der im Wohnzimmer über dem Sessel liegt, und geht Richtung Gaststätte »Zum Bierfass«, biegt an der Kreuzung vor dem Park rechts ab, läuft am alten Krankenhaus vorbei und klingelt kurze Zeit später beim VPKA, wo er dem Polizisten Spatz gesteht: »Herr Wachtmeister, ich habe meine Frau umgebracht.«

Was Johannes Guss am nächsten Tag beim Haftrichter aussagt und was er an Details liefert, stimmt mit den Ergebnissen der Tatortermittlungen der Cottbuser Morduntersuchungskommission (MUK) überein. Noch im Morgengrauen waren die Kriminalisten aus den Betten geklingelt und nach Hoyerswerda beordert worden. Sie finden das Opfer hockend vor der Wohnung des Nachbarn, von dem sie sich Hilfe erhofft hatte. Ihr Klingeln blieb ungehört.

Deutlich sichtbar sind für die Spezialisten die Bemühungen des Täters, in der Wohnung die Blutspuren zu beseitigen. Die Tatwaffe finden sie unter dem Küchenbüfett an der Scheuerleiste, die den Wandabschluss bildet. Das Messer ist 285 Millimeter lang, die Klinge, an der Blut haftet, misst 171 Millimeter und ist 18 Millimeter breit. Hinter dem Vorhang auf der Trittleiter hängt ein feuchtes Tuch, das rötlich gefärbt ist.

Die Gerichtsmediziner diagnostizieren bei der Leichenschau die Verletzung der rechten Lunge als Todesursache. Monika Guss ist verblutet. Sie hat noch etwa eine halbe Stunde nach dem Stich gelebt und hätte bei sofortiger Hilfe gerettet werden können. Aufgrund der Länge und des Verlaufs des Stichkanals gehen die Pathologen davon aus, dass der Stich mit großer Kraft ausgeführt wurde, und zwar mit dem unter dem Küchenschrank sichergestellten Messer.

Johannes Guss bestreitet weder vor dem Haftrichter noch in mehreren polizeilichen Vernehmungen, dass er seine Ehefrau ganz bewusst getötet hat. »Ich hatte die Schnauze voll«, sagt er mehrfach.

Zwei Monate danach widerruft er in einem entscheidenden Punkt sein Geständnis. »Bei der ersten Vernehmung habe ich noch unter Schock gestanden und war in keiner guten geistig-körperlichen Verfassung. Ich war nervlich am Ende und konnte nicht die völlige Wahrheit sagen. Ich habe nur aus Reflex und ohne Überlegung gehandelt.« Die Tat als solche räumt er ein, den Vorsatz nicht. »Ich habe während des Zustechens an nichts gedacht.«

Statt Mord vielleicht nur Totschlag und eingeschränkte Schuldfähigkeit, weil er vom Opfer durch das höhnische Lachen gereizt wurde und außerdem unter Alkoholeinfluss stand«

Johannes Guss kommt damit nicht durch. Fast einen Monat lang wird er an der Medizinischen Akademie »Carl Gustav Carus« in Dresden psychiatrisch untersucht. Strafmildernde geistige Krankheiten, ein Handeln im Affekt oder eingeschränkte Wahrnehmung nach übermäßigem Alkoholgenuss stellt der Gutachter nicht fest.

Das Bezirksgericht Cottbus verurteilt Johannes Guss nach dreitägiger Verhandlung im Juni 1985 wegen Mordes zu einer lebenslangen Freiheitsstrafe. Schuldmindernde Aspekte, mit denen die Verteidigung eine zeitlich befristete Strafe anstrebt, erkennen die Richter nicht. Das Oberste Gericht der DDR weist die Berufung des Angeklagten gegen das Urteil zurück.

Durch eine Amnestie der DDR-Regierung wird die lebenslange Freiheitsstrafe auf 15 Jahre herabgesetzt. Guss verbüßt seine Strafe in Haftanstalten in Brandenburg und Leipzig. Im Oktober 1992 lehnt das Kreisgericht Leipzig die vorzeitige Entlassung von Johannes Guss ab, obwohl die Staatsanwaltschaften Cottbus und Leipzig einem Antrag des Strafgefangenen zugestimmt hatten. Erst Ende Juli 1995 wird der weitere Freiheitsentzug mit einer fünfjährigen Bewährungszeit ausgesetzt.

FUND IN DER JAUCHEGRUBE

Dunkelheit hat sich über den trüben November-Sonntag 1984 gelegt. Wer nicht dringend raus muss in das ungemütliche Herbstwetter, bleibt lieber in der warmen Stube. Erst recht, wenn das Ziel alles andere als anheimelnd ist. Die beiden Personen, die abends gegen halb sieben mit Taschenlampen durch die Finsternis schleichen, sind die Geschwister Marit und Jürgen Diehl. Sie haben einen Kalksandsteinbau als Ziel, zu dem nur eine einzige, schwach leuchtende Glühlampe, die unruhig im Wind hin und her pendelt, den Weg weist. Der graue Flachbau ist ganze sechs Quadratmeter groß. Es ist das Toilettenhaus für die Bewohner der beiden Häuser, mit denen das Grundstück bebaut ist.

Marit Diehl wohnt mit ihrer Familie im vorderen Haus, das direkt an der Straße steht, die in Richtung Osten hinausführt aus der Lausitzer Kreisstadt in der Nähe von Cottbus, dem Bezirk, der die Republik mit Kohle und Energie aus den Tagebauen und Kraftwerken nahe der deutsch-polnischen Grenze versorgt. Das zweite Gebäude befindet sich, einige Meter nach Westen versetzt, im hinteren Teil des Anwesens. In ihm wohnt Familie Danz mit ihren vier Kindern im Alter zwischen einem Jahr und neun Jahren. Die südliche Hofbegrenzung wird durch Wirtschaftsgebäude mit Schuppen für Holz und Kohle, einer Waschküche und eben jenem Bau gebildet, dem die beiden mit den Taschenlampen zustreben.

In seinem Inneren gehen von einem 80 Zentimeter breiten Mittelgang jeweils drei Kabinen ab. Sie sind alle gleich klein, einen Meter lang und 70 Zentimeter breit. Die Türen sind verschlossen, dabei befindet sich dahinter nichts, was wertvoll und bewahrenswert wäre. Es gibt in jedem Verschlag nur ein aus Holz gezimmertes Podest mit einem runden Loch in der Mitte, das mit einem mehr oder weniger passenden Deckel verschlossen ist. Die dunkelbraune Ölfarbe auf dem Holz platzt hier und da bereits ab. Rechts neben dem Loch ist gerade noch Platz für alte Tageszeitungen, die in kleine Stücke zerrissen und vorbereitet sind für den Säuberungsakt nach Verrichtung der Notdurft. Die Kabinen sind schlicht und einfach Klos. Trockentoiletten, in denen die menschlichen Exkremente und das Wischpapier in eine Sammelgrube fallen, die zweimal im Jahr abgeschöpft wird.

Die Gegend hat bereits ländlichen Charakter. Mehrgeschossige Plattenbauten, wie sie an anderen Rändern der Stadt wie Pilze aus dem Boden geschossen sind und die den Komfort fernbeheizter Wohnungen mit fließend warmem und kaltem Wasser aus der Leitung, WC und eingebauter Standardküche bieten, gibt es hier nicht. Hier trägt man die Kohle in Eimern zur Wohnung, beheizt die Kachelöfen in den Zimmern und holt die Asche aus dem Feuerloch. Und man muss die Plumpsklos draußen auf dem Hof benutzen, zu denen man erst geht, wenn das »menschliche Bedürfnis« dringlich wird.

Marit und Jürgen Diehl sind von solchen Zwängen nicht befallen. Es ist vielmehr eine düstere Vorahnung von Marit, ein grausiger Verdacht, der den Gang zum Trockenklo quer über den Hof bestimmt. Allein mochte sie ihn an diesem frühen Sonntagabend nicht gehen. Sie hat deshalb Bruder Jürgen, der mit seiner Familie ein paar Straßen entfernt wohnt, zur Verstärkung heranbeordert. Ziel des Geschwisterpaares ist die Klozelle von Familie Danz, die sich am Ende des Ganges befindet. Die Tür ist verschlossen, doch das einfache Schloss ist kein ernsthaftes Hindernis für einen Zugang. Mit einem zum Dietrich gebogenen Nagel löst Jürgen Diehl den Schlossriegel aus der Zarge und öffnet den nach außen aufgehenden Verschlag. Während er vorsichtig den Deckel vom Loch in der Toilettenbank nimmt, wartet Schwester Marit an der Türöffnung. Jürgen richtet den Strahl der Lampe in die Jauchegrube.

Was er in einem halben Meter Tiefe sieht, lässt ihn erschaudern. »Marit, komm her! Sieh dir das an! Da liegt etwas! Du hattest recht!«

Im Schein des Lichtes schimmert die Flüssigkeit an der Oberfläche der Fäkalien blutig rot. Aus dem Gemenge aus Kot und Papier – augenscheinlich handelt es sich um Zellstoff – ragt bei genauerem Hinsehen etwas Menschliches heraus, kleine Finger, die zu einem Fäustchen geballt sind.

Jürgen Diehl will sichergehen, dass sie sich nicht täuschen. »Warte hier«, sagt er zu seiner Schwester, die sich benommen an die Wand der engen Kabine gelehnt hat. Mit einem langen Knüppel in der Hand ist der Bruder kurze Zeit später zurück und stochert vorsichtig in der stinkenden Masse herum. Hervor kommt ein nacktes Knie, das Beinchen ist nicht zu sehen. Es steckt im Morast des Aborts. In der Jauchegrube, das ist den Diehls klar, liegt ein Baby.

Noch am gleichen Abend informiert Marit Diehl das Volkspolizei-Kreisamt der Stadt. Sie äußert die Vermutung, dass es sich bei dem Fund um das Baby ihrer Nachbarin Brigitte Danz handeln könnte. »Die war schwanger, hat es aber immer abgestritten. Seit ein paar Tagen hat sie auf einmal keinen dicken Bauch mehr, aber ein Baby gibt es auch nicht«, begründet sie ihren Verdacht.

Umgehend alarmiert der wachhabende Offizier im VPKA den Kriminaldauerdienst. Zwei Angehörige der Kriminalpolizei fahren Minuten später zum verdächtigen Toilettenhaus. Auch für sie gibt es nach einem Blick in den Abort keinen Zweifel, dass in der Fäkaliengrube ein toter Säugling liegt.

Bis zum nächsten Morgen postieren sich die Wachleute am Kalksandsteinbau mit den Toilettenkabinen und behalten zudem das Wohnhaus von Familie Danz im Auge.

Die Leiter des VPKA und der dort ansässigen kreislichen Kriminalpolizei sowie der Kreisstaatsanwalt werden aus den Betten geklingelt. Über den Kriminaldienst der Bezirksbehörde der Volkspolizei (BdVP) wird die Morduntersuchungskommission angefordert. Eine Eilmeldung über das »besondere Vorkommnis eines Tötungsverbrechens« geht per Fernschreiben an die Kreisleitung der SED und an die Kreisdienststelle des Ministeriums für Staatssicherheit.

Mit dem Sonnenaufgang fahren der Untersuchungsführer sowie der Kriminaltechniker der MUK mit ihrem »Wartburg-Tourist« von Cottbus aus zum Tatort. Die Arbeit vor Ort ist makaber. Das Klo wird in allen Einzelheiten vermessen, skizziert und fotografiert. Kameraden der örtlichen freiwilligen Feuerwehr müssen das Baby bergen. Vorsichtig sichern sie die Leiche mit einer Kordel am Fuß, den sie freigelegt haben, spülen die Fäkalien am Kindesleib notdürftig mit Wasser ab und heben den kleinen, nackten Körper mit einer eigens zu diesem Zweck rechtwinklig zum Stiel gebogenen Schaufel aus der Grube.

Danach werden tatrelevante Spuren in der Wohnung von Familie Danz gesichert. Es ist ein Bild unglaublicher Unordnung, das sich der Kripo bietet. Schon der Aufstieg ins Obergeschoss des Zweifamilienhauses lässt Schlimmes erahnen. Nicht wegen des abgeplatzten Putzes an den Wänden des Treppenhauses. Vielmehr sind es das Geländer und die Stufen, die schon eine Ewigkeit weder Staublappen noch Besen oder gar Wischwasser gesehen haben. Als die beiden Offiziere der MUK, der Staatsanwalt und weitere Polizisten die Wohnungstür öffnen, steigt ihnen ein penetranter Geruch in die Nasen, der nur mit vorgehaltenen Taschentüchern einigermaßen zu ertragen ist. Der Gestank lässt es erahnen, doch was die Augen dann sehen, ist nur schwer zu begreifen. Es gibt kaum eine Stelle, die nicht von Unrat und schmutziger Wäsche strotzt, weder in Korridor, Küche und Bad noch im Wohn-, Schlaf- und den beiden Kinderzimmern. Auf allen Möbeln türmen sich Berge von Textilien aller Art. Im Schlafzimmer unter den Ehebetten liegt Bett- und Unterwäsche von Kindern wie Erwachsenen, die zum Teil mit Kot und Urin völlig verschmutzt ist. Gleiches trifft auf einen Wäschehaufen zu, der überstiegen werden muss, um ins Bett zu gelangen. Ins Bad ist kein Hineinkommen. Es ist vollgestopft mit ungewaschenen Sachen, vor allem von Kindern. Stoffwindeln in ungezählter Menge liegen eingeweicht in Eimern und der Badewanne. In der Küche türmt sich benutztes Geschirr, wo immer nur Platz ist. Komplettiert wird der chaotische Zustand der Behausung durch eine dicke Staubschicht, die nur bei wenigen Gegenständen, die anscheinend öfter in Benutzung waren, durchbrochen ist.

»Ich habe schon seit einem Jahr nichts mehr in der Wohnung gemacht. Ich hatte dafür kein Interesse, und es ist mir alles über den Kopf gewachsen«, gibt Brigitte Danz zu. »Mein Mann hat zwar mit mir gemeckert wegen der Unordnung, doch zugegriffen hat er auch nicht«, erklärt die 27-jährige Frau bei ihrer Festnahme. Sie ist dringend verdächtigt, verantwortlich zu sein für den Tod des Babys in der Jauchegrube.

Eine noch am gleichen Tag angeordnete gynäkologische Untersuchung bestätigt, dass sie kürzlich ein Kind entbunden hat. Die Gerichtsmediziner der Medizinischen Akademie »Carl Gustav Carus« stellen bei der Obduktion fest, dass das Neugeborene, ein kleines Mädchen, das den Namen Beate erhält, gelebt und körperlich völlig gesund war, als es sich aus dem Mutterleib herausgearbeitet hatte. Das Licht des Tages aber hat Beate, das niedliche Baby mit den vielen schwarzen Haaren auf dem Kopf, nie erblinzelt.

Warum bringt eine junge Frau ihr Baby um, das sie neun Monate lang in ihrem Leib getragen und unter Schmerzen geboren hat?

Brigitte Danz wird im Mai 1957 in einer alten Residenzstadt in Thüringen geboren. Sie ist noch klein, als die Eltern dem Ruf der Kohle mit der Aussicht auf gutes Geld und eine Wohnung in den Kohle- und Energiebezirk Cottbus folgen. Hier geht das Mädchen in den Kindergarten und hält nach ihrer Einschulung mit sieben Jahren in den ersten drei Klassen mit Gleichaltrigen noch mit. Das Lernen aber fällt dem Kind immer schwerer. Das Ziel der vierten Klasse der zehnklassigen Polytechnischen Oberschule ist unerreichbar für das Mädchen, das als »Sitzenbleiberin« unter dem Gehänsel anderer Kinder leidet. Sie muss die Hilfsschule besuchen, die sie mit dem Abschluss der achten Klasse verlässt. Es folgen die Ausbildung zum Teilfacharbeiter und die Arbeit im Lehrbetrieb. Hier lernt sie Ehemann Karsten kennen. Der vier Jahre ältere Schlosser verliebt sich am Arbeitsplatz in den 17-jährigen Teenager mit den welligen schwarzen Haaren und dem Gesicht, das nicht mehr kindlich ist, aber auch noch nicht erwachsen wirkt. Einen Monat nach 18. Geburtstag heiraten die Verlobten. Das Hochzeitskleid spannt sich bereits über dem Babybauch der Braut im weißen Kleid, und drei Monate später sind die Jungvermählten Mama und Papa von Sohn Jan, ihrem Erstgeborenen. Die Familie zieht in das Haus mit dem Trockenklo auf dem Hof.

Fortan ist Brigitte mit Ausnahme kurzer Zeitabschnitte nahezu immer schwanger. Nach der Geburt von Jan lässt sie eine Schwangerschaft unterbrechen. »Ich wollte so schnell hintereinander kein zweites Kind.« Das folgt ein Jahr später. Tom ist gewollt und die Familienplanung der Familie damit abgeschlossen.

Das Leben aber gerät zuweilen aus dem Plan, erst recht, wenn die Pille als Verhütungsmittel ein ums andere Mal in der Tablettenschachtel vergessen wird. Sohn Chris kommt mit einem Herzfehler zur Welt. Die Ärzte können Anfang 1979 das Leben des Säuglings nicht retten. 1982 bekommt Familie Danz erneut Zuwachs. Antje ist kein Wunschkind, doch stolz sind die Eltern dennoch. Endlich, ein Mädchen!

Wieder gerät der Kinderplan aus den Fugen. Antje ist noch kein Jahr alt, als Schwester Susann geboren wird. Statt Freude erobert Scham über die inzwischen fünfte Schwangerschaft im achten Jahr nach der Geburt ihres ersten Kindes das Denken und Fühlen der jungen Mutter, die mehr und mehr mit der Betreuung der Kinder und der Führung des Haushaltes überfordert ist.

Lange gelingt es ihr, die Schwangerschaft mit Susann nach außen hin zu verheimlichen. Auf Drängen von Schwiegermutter Elsbeth sucht sie kurz vor der Entbindung schließlich doch noch die in der DDR obligatorische Schwangerenberatung auf.

Ehemann Karsten nimmt den »Schwangerschafts-Unfall« gelassen und tröstet seine Frau: »Ob drei oder vier Kinder, das ist dann auch egal.« Ein fünftes Kind, darüber ist sich das Paar einig, soll es nun aber nicht mehr geben im Haushalt der Familie.

Ernsthaft ans Verhüten denken aber beide nicht. Brigitte Danz geht nach der Entbindung weder zur ärztlichen Nachuntersuchung noch beugt sie weiteren Schwangerschaften vor, aber auch Karsten schafft den Weg in eine Drogerie nicht, um mit Kondomen vorzusorgen. Schriftliche Aufforderungen an Brigitte zum Besuch der Mutter- und Säuglingssprechstunde und zum Impfschutz für die Kinder verschwinden in der zunehmenden Unordnung im Haushalt der Familie.

Es dauert nur sieben Monate, dann wird Brigitte wieder durch Übelkeit und Erbrechen, Appetitlosigkeit und Heißhunger auf Veränderungen in ihrem Körper aufmerksam gemacht, die ihr bestens bekannt sind: die einer erneuten Schwangerschaft. Die Regelblutung kommt noch sporadisch, aber dann bleibt sie ganz aus. Vor einer erneuten Unterbrechung scheut sie zurück, zu sehr ist sie noch immer belastet von dem früheren Eingriff, selbst wenn sie ihn all die Jahre verdrängt hat. Brigitte befürchtet außerdem gesundheitliche Schäden und – sie schämt sich, ihrem Gynäkologen zu gestehen, dass sie ein halbes Jahr nach der letzten Entbindung schon wieder in »anderen Umständen« ist. Außerdem ist da noch die Schwiegermutter, die seit längerem gesundheitliche Probleme hat und im Krankenhaus operiert werden soll. »Wohin dann mit den Kindern, wenn ich zur Unterbrechung muss?«, grübelt sie.

Mit Karsten, nein, mit dem will und kann sie darüber nicht reden. Der ist Schichtarbeiter und kann die Kleinen, Antje und Susann, nicht betreuen. Außerdem herrscht seit Wochen Funkstille zwischen dem Ehepaar nach zuletzt heftigen Auseinandersetzungen wegen der unwürdigen Zustände im Haus. Karsten werden Brigitte, die Kinder und das ganze Chaos immer gleichgültiger, seine Gattin schaltet auf stur. Die Schwangere hat für sich längst entschieden: »Ich will dieses Kind nicht!« So, wie sie möglicherweise schon Susann nicht wollte?

Wegen der beiden Kinder Antje und Susann hat sie die gesetzliche Freistellung von der Arbeit in Anspruch genommen und geht kaum noch außer Haus. Es gelingt ihr, die wenigen Menschen, mit denen sie dennoch Kontakt hat, zu täuschen. Schwiegermutter Elsbeth ist wegen ihrer Krankheit längst nicht so aufmerksam wie noch kurz vor der Geburt von Susann. Als Nachbarin Marit Diehl sich erkundigt, ob sich wieder Nachwuchs ankündigt, bestreitet die Schwangere das energisch. »Ich bin nur dicker geworden«, gibt sie eine Erklärung ab, die jungen Frauen eher peinlich ist. Marit Diehl lässt es bei der Antwort bewenden, auch wenn sie angesichts der Bauchform ihrer Nachbarin erhebliche Zweifel hat. Aber neugierig, nein, neugierig will sie nicht sein, zumal die Verbindung zwischen beiden Familien über »Guten Tag«, »Wie geht's?« oder einen kurzen Austausch über die aktuelle Wetterlage nicht hinausgeht.

Und Karsten, der Ehemann? Bei intimen Kontakten, die es hin und wieder noch zwischen den beiden gibt, bleibt ihm der wachsende Bauch der Gattin nicht verborgen. Auch nicht, dass die Kittelschürzen, die seine Frau trägt, immer größer werden und dennoch spannen, dass fast die Knöpfe abspringen. Er erkundigt sich zwar nach einer erneuten Schwangerschaft. Dennoch will er glauben, dass die Gewichtszunahme Folge von vermehrtem Essen und abnehmender Bewegung ist. Er nimmt es hin, ohne darüber nachzudenken, weil es bequem ist.

Ende Oktober 1984 feiert Familie Danz den ersten Geburtstag von Susann. Eigentlich aber ist es ein Tag wie jeder andere. Karsten hat Spätschicht und kommt erst nach 22 Uhr nach Hause. Er hat der Kleinen eine Klapper geschenkt und am Vormittag kurz mit ihr gespielt. Am späten Nachmittag ist die Schwiegermutter zum Kaffee gekommen und auch zum Abendessen geblieben. Ihr Heimweg ist kurz, nur ein paar Treppen in die Wohnung darunter.

Gegen neun Uhr abends verspürt Brigitte ein kräftiges Ziehen im Bauch. Wehen setzen ein. Die Abstände werden kürzer und immer kürzer. Sie verfolgt den Rhythmus auf der Uhr an ihrem Handgelenk. Mit der Erfahrung von fünf Geburten weiß sie, dass die sechste naht. Seit dem letzten krampfartigen Ziehen sind kaum zwei Minuten vergangen. »Ich muss mal zur Toilette«, sagt sie zu Schwiegermutter Elsbeth, nimmt sich den Schlüssel für die Danzsche Kabine in dem Kalksandsteingebäude vom Haken, klemmt sich eine Packung Zellstoff unter den Arm, den sie vor ein paar Tagen in der Kaufhalle besorgt hat, und legt eilends den Weg bis zum Plumpsklo zurück. Sie verwirklicht, was sie sich schon vor Wochen vorgenommen hat.

Kaum hat Brigitte die Tür geöffnet und den Abortdeckel vom Loch in der Sitzbank genommen, als Fruchtwasser zwischen den Schenkeln hinabläuft. Auf der Uhr stehen die Zeiger auf halb zehn. Die Gebärende setzt sich und beginnt zu pressen. Einmal, zweimal, dreimal … Sie spürt, wie das Kind mit dem Kopf zuerst aus dem Leib rutscht. Die Mutter presst beide Hände fest auf die Ohren, will den ersten Schrei ihres Babys nicht hören. Sie hört ihn dennoch. Ein Blick auf die Uhr zeigt: Es ist 21.33 Uhr, als der Schrei des Babys, eines Mädchens, das gesund und kräftig und 54 Zentimeter groß ist, einen halben Meter tiefer in den Fäkalien erstickt. Für die Gebärende ist die Sache erledigt, als das Kind im stinkenden Berg der Exkremente versinkt. Ihr ist bewusst: Dort stirbt es.

Die Nabelschnur ist durch den Fall in die Tiefe gerissen. Brigitte drückt mehrfach kräftig auf den Bauch, bis die Nachgeburt ausgestoßen ist, säubert sich mit dem Zellstoff, legt den Rest als Vorlage in den Schlüpfer, knöpft die Kittelschürze zu und geht zurück in die Wohnung. »Warst ja so lange weg«, wundert sich Schwiegermutter Elsbeth. Die Uhr zeigt 21.44. »Wieso lange? Stimmt doch gar nicht«, bekommt sie zur Antwort.

Elsbeth schnappt sich ein paar Kindersachen, die im Korridor herumliegen, und geht mit der Wäsche nach unten in ihre Wohnung. Brigitte setzt sich im Wohnzimmer auf die Couch und sieht fern.

Karsten Danz kommt gegen 22 Uhr nach Hause, blickt kurz ins Wohnzimmer und verschwindet im Bett. Seine Frau, die vor einer halben Stunde ein Kind geboren und es getötet hat, säubert sich noch einmal, verbrennt den verschmutzten Zellstoff im Badeofen, steigt über den Wäscheberg im Schlafzimmer und legt sich ins Ehebett neben den Mann, der ihr so gleichgültig geworden ist.

Erst am nächsten Tag bemerkt Karsten die Veränderung bei seiner Gattin.

»Meine Frau war nicht mehr so dick wie einige Tage zuvor. Ich habe mir darüber aber keine Gedanken gemacht und fragte sie auch nach nichts. Ich habe das hingenommen und nicht weiter nachgedacht. Das war von meiner Seite aus Gleichgültigkeit«, sagt er später vor Gericht. »Ich habe überhaupt nicht daran gedacht, dass meine Frau auf derartige Gedanken kommen könnte.«

Marie Diehl, die aufmerksame Nachbarin, hat nicht achtlos weggesehen, sondern gehandelt, als bei Brigitte Danz nach der sichtbaren Schwangerschaft und der offensichtlichen Entbindung jede Spur von einem Baby fehlte.

Die Staatsanwaltschaft klagt Brigitte Danz wegen Totschlags an ihrem neugeborenen Säugling an. Der erste Strafsenat des Bezirksgerichtes ist nach zweitägiger Verhandlung im März 1985 überzeugt, dass die Angeklagte die Tat bereits drei Monate vor dem selbst errechneten Entbindungstermin geplant hatte. Sie besorgte sich nicht nur den Zellstoff, sondern hatte sich, ganz gegen ihre Gewohnheit, sogar um eine vorzeitige Entleerung der Fäkaliengrube gekümmert. Dann wäre die nächste Beräumung erst im Frühjahr erfolgt, und niemand hätte mehr das Baby in dem Schlamm der Jauchegrube entdeckt.

Das Bezirksgericht Cottbus verurteilt Brigitte Danz wegen Totschlags an ihrem Baby zu viereinhalb Jahren Gefängnis. Das Oberste Gericht verwirft die Berufung der Verteidigung und bestätigt das Urteil.

Warum hat Brigitte Danz nur diesen einzigen Ausweg für sich gesehen und nie nach einer anderen Lösung gesucht? »Ich habe mich geschämt, dass ich schon wieder schwanger bin und dass dann die Leute über mich reden wie bei anderen Familien, die auch fünf Kinder haben«, sagt sie in ihrem Geständnis.

Und ihr Ehemann Karsten? Er macht es sich leicht. »Meine Frau war zu faul und bequem, um zu Hause etwas zu machen. Denn ein Kleinkind hätte wieder mehr Arbeit verursacht wie Wäsche waschen oder impfen gehen. Das hat meine Frau bei den anderen Kindern auch nicht regelmäßig erledigt«, ist seine schlichte Erklärung.

Ein Ermittlungsverfahren gegen Karsten Danz wegen Vernachlässigung der Erziehungs- und Aufsichtspflicht gegenüber den Kinder Jan, Tom, Antje und Susann, die unter schwierigsten Bedingungen heranwachsen, wird eingestellt.

Mitte des Jahres 1987 wird Brigitte Danz auf Bewährung aus der Haft entlassen.

DER FAHRRADMÖRDER

Die alte, unbefestigte Armeestraße, die sich durch die karge Heidelandschaft im Osten der Lausitz zieht, ist für die Bewohner der Dörfer, die sich rechts und links von ihr aufreihen, ein wichtiger Verbindungsweg. Er führt durch eine einsame Gegend, umsäumt wird er nur von Kiefernwäldern. Doch wer nicht über einen motorisierten Untersatz verfügt, der benutzt ihn als kürzeste Verbindung zur Bushaltestelle an der Fernverkehrsstraße, wenn er die umliegenden Städte der Region erreichen muss.

Seit zwei, drei Jahren ist es unheimlich geworden entlang der »Alten Armeestraße«. Frauen und Mädchen sollen dort von einem Unbekannten sexuell belästigt werden. So wird in den Dörfern jedenfalls erzählt. Und kleinere Brände gibt es in den Wäldern auch öfters. Mal fackeln Reisighaufen, dann brennt Gras, das den Boden bedeckt. Das ist schon mehr als ein Gerücht, denn freiwillige Feuerwehrleute aus den Gemeinden haben die Feuer gelöscht. Brände sind in dieser gefährdeten Gegend mit den sandigen Böden und Grundwasser, das durch die Tagebaue metertief abgesenkt ist, nicht selten, zumal hier kaum ein anderer Baum wächst als die genügsame Kiefer. Es sind der Zufälle zu viele, meinen Dörfler, auch wenn die Polizei abwiegelt. Denn nicht eine Anzeige von angeblich belästigten Frauen liegt ihr vor.

Im Sommer 1971 schreckt ein Mann aus seinem Schlaf. Seltsame Geräusche im Haus treiben ihn aus dem Bett. Sie kommen vom Dachboden, wo sich die Schlafkammern des Sohnes und der 15-jährigen Tochter befinden. Der Vater schleicht sich nach oben. Fast prallt der Hausherr mit einem Unbekannten zusammen, der gerade im Begriff ist, die Tür zum Mädchenzimmer zu öffnen. »Was machst du hier?!«, schreit er den Einbrecher an. Doch ehe er ihn fassen kann, ist der Fremde aus dem Fenster gesprungen und hat das Weite gesucht. »Der muss besoffen gewesen sein«, denkt sich der Vater, sieht nach den Kindern und legt sich wieder schlafen. Eine Anzeige unterbleibt.

Wenige Tage später, an einem Sonnabend, ist in der Dorfgaststätte »Lubska« Tanz. Gerade hat die Band den letzten Titel gespielt. Ein junger Mann steht unweit der Kneipe unter einem Baum, an dem sein Fahrrad lehnt. Aufmerksam beobachtet er die Gäste, die sich paarweise oder in Gruppen nach Hause begeben. Jungs interessieren den Beobachter nicht. Sein Blick richtet sich auf ein Mädchen, das sich allein mit dem Fahrrad auf den Weg macht. Er verfolgt es zunächst mit abgeschaltetem Dynamo in gebührendem Abstand, überholt es dann an einer Stelle, die nach vorn nicht weit einzusehen ist, legt sein Fahrrad ab und baut sich vor der einsamen Radlerin auf. Durch einen Schlenker versucht die junge Frau, zu entkommen. Vergeblich. Mit einem Griff an den Gepäckträger wird sie gestoppt. »Was willst du von mir? Lass mich los!« Sie schreit um Hilfe. Der Täter sieht in der Ferne den schwachen Schein einer Fahrradlampe und lässt von seinem Opfer ab. Der Polizei wird der Vorfall nicht gemeldet.

Wochen später in der gleichen Gaststätte. Zwei Mädchen radeln nach dem Tanz vergnügt nach Hause. Den Radfahrer, der sie überholt, beachten sie nicht. Der versteckt einige hundert Meter voraus sein Fahrrad im Wald und stellt sich den beiden Freundinnen entgegen. Die springen von ihren Rädern und bringen zunächst kein Wort heraus. Der Täter fordert unverblümt Sex und fasst einem der Mädchen an die Brust. Das wehrt sich, packt seine Haare und reißt daran. Die Freundin steht ihr zur Seite. Beide rufen um Hilfe. Weit und breit ist niemand zu sehen. Aufgeschreckt durch die Schreie und die mutige Abwehr der Überfallenen reißt sich der Täter los und flüchtet. Von ihm bleiben nur ein paar Haarbüschel zurück. Anzeige erstatten die Opfer der Attacke auch diesmal nicht. Aus Scham? Aus Angst, dass man ihnen nicht glaubt? Weil sie den Zwischenfall einfach verdrängen, nicht mehr daran denken möchten?

Immer wieder tauchen neue Gerüchte in den Dörfern auf, dass ein Perverser in der näheren und weiteren Umgebung der »Alten Armeestraße« Frauen belästigt und von ihnen Geschlechtsverkehr verlangt haben soll. Stets aber sei er bei der geringsten Gegenwehr geflüchtet, ohne sein Ziel verwirklichen zu können.

Ab Sommer 1972 wird es ruhig um die Schreckensgeschichten, doch sie sind in den Hinterköpfen der Dorfbewohner eingebrannt. Auch bei Bianka und Oliver Tänzer. Die Eltern der beiden Jungvermählten wohnen in der Gegend, in Kiefernau. »Mädel, sei bloß vorsichtig.« Die Warnungen der Mutter klingen Bianka lange Zeit im Ohr. Auf Tanzveranstaltungen, die sie mit Oliver besuchte, ist ebenfalls über den Unbekannten mit dem Fahrrad diskutiert worden. Alle sind sich einig, dass kein Einheimischer für solche Schweinereien infrage kommen kann. Zum Glück ist seit längerem auch nichts mehr passiert. Sicher ist der perverse Fremde weitergezogen.

Es ist Freitag, der 14. September 1973. Bianka macht sich auf den Weg zu den Eltern nach Kiefernau. »Sei vorsichtig und lass dich nicht wegfangen«, scherzt Oliver, als er sich morgens von ihr verabschiedet. »Pass gut auf unser Kind auf«, ermahnt er Bianka, die im siebten Monat schwanger ist.

Oliver arbeitet als Maurer in einem großen Baukombinat und hätte sich gern frei genommen, denn am Wochenende ist das Paar zur Hochzeitsfeier von Freunden eingeladen. Der Meister aber war unnachgiebig: »Nächste Woche ist Übergabe, da brauche ich jede Hand.«

Bianka und Oliver, beide 18 Jahre alt, sind seit sechs Wochen verheiratet. Auf einer Tanzveranstaltung in Kiefernau hatten sie sich kennengelernt. Nach fünf Monaten wurde aus der Zuneigung intime Liebe. Geplant war ihr Nachwuchs nicht, doch sie freuen sich auf das Kind, dessen Ankunft die Heiratspläne vorantrieb. Bianka ist die Erfahrenere. Oliver ist zwar nicht als »Jungfer« in die Beziehung geschlittert, doch viel weiß er nicht über den Körper einer Frau. Daheim wurde nicht über »Mann und Frau intim« gesprochen, und die Schule im Allgemeinen und auch das Fach Biologie gehörten nicht zu den Stärken des Heranwachsenden. Bianka kauft ihrem Mann ein Buch über das Sexualleben, will ihm daraus vorlesen, darüber mit ihm sprechen und auch das eine oder andere praktisch umsetzen, um nicht nur sporadisch den Höhepunkt zu erleben. Im Moment aber hält sich das junge Paar zurück. Bianka hat Angst, dass das Baby in ihrem Bauch Schaden nehmen könnte beim Geschlechtsverkehr. Oliver willigt in den Verzicht ein, ist allerdings nicht glücklich über die zeitweilige Enthaltsamkeit. Aber so ganz unbefriedigt lässt ihn ja seine Bianka nicht. Das junge Ehepaar schwebt auf Wolke sieben.

Und es bleibt dort oben. Oliver kommt am Freitagabend zwar ein wenig später als geplant bei den Schwiegereltern an, aber seine Frau wusste ja von der Bitte der Mutter, einen Termin in Waldorf, das wenige Kilometer entfernt von Kiefernau liegt, abzusagen. Die Mutter sollte am Wochenende in der dortigen Gaststätte im Tanzsaal bedienen, doch eine Spätsommergrippe fesselt sie ans Bett. Das junge Paar nimmt sich in die Arme und freut sich auf die bevorstehende Hochzeitsfeier. Bianka und Oliver erinnern sich später im Bett, eng aneinander geschmiegt, an ihren eigenen Polterabend und an die Stimmung, die bis in den frühen Morgen getobt hatte, an die Trauung auf dem Standesamt mit dem Schwur auf ewige Treue und an die Feier mit den Familien und Freunden. Nun werden sie selbst Gäste eines solch wichtigen und schönen Ereignisses sein.

Am späten Vormittag des 14. September drängt bei Angela Finkel die Zeit. Sie ist zwar früh aufgestanden, doch die Wochenendeinkäufe haben länger gedauert als geplant. Ehemann Klaus wird das ganze Wochenende außer Haus sein. Die betriebliche Kampfgruppe hat eine längere Übung angesetzt, wann genau sie zu Ende sein wird, ist unklar. Vor drei Tagen erst ist das seit 17 Jahren verheiratete Paar aus dem Urlaub gekommen, nun muss aus der letzten Maschine noch die Urlaubswäsche auf die Leine im Trockenraum des Hauses aufgehängt werden, und dann gilt es sich zu sputen, wenn ihr der Bus nach Waldorf nicht vor der Nase wegfahren soll. Mutter wartet bestimmt schon. Sie hatte ihr versprochen, gleich nach dem Urlaub vorbeizuschauen. Seit einigen Jahren pflegt die 53-Jährige ihre Mutti. Die ist 86, die Beine wollen nicht mehr so recht, und die Augen sehen inzwischen auch schlecht. Die Rentnerin kocht zwar noch selbst und erledigt das eine oder andere im Garten und im Haushalt, doch ganz ohne Tochter und Schwiegersohn geht es nicht.

Knapp eine halbe Stunde dauert die Busfahrt von der Kreisstadt nach Waldorf. Als Angela Finkel auf dem elter-

lichen Grundstück eintrifft, ist die alte Dame gerade beim
Einwecken von Pfirsichen und Pflaumen. Alles natürlich
aus eigener Ernte. Zwar stehen noch genügend Gläser Ein-
gemachtes im Keller, doch umkommen darf auch nichts.
»Das Kompott wird nicht schlecht, und die Kinder essen
es gern, wenn sie mich besuchen«, argumentiert die Oma.
Obst und Gemüse sind in der DDR nicht im Überfluss da
und außerdem nicht billig.

Die beiden Frauen pellen die Haut von den Pfirsichen und
entsteinen sie. Die »grauen Mäuse«, wie die knubbelige, spe-
zielle Art von Weinbergpfirsichen im Volksmund genannt
wird, schmeckt frisch nicht besonders, doch eingekocht mit
Zucker oder als Marmelade verarbeitet sind die Früchte le-
cker. Es ist eine ganze Batterie Gläser, die gefüllt werden
muss. Die Zeit vergeht wie im Fluge über dem Einkochen,
dem Berichten vom Urlaub und dem Erledigen notwendigs-
ter Handgriffe im Haushalt.

Es ist etwa halb oder viertel vor sieben am Abend, als
Angela Finkel endlich aus dem Haus gehen kann. Bis zur
Bushaltestelle an der Fernverkehrsstraße ist es ein ganzes
Stück des Weges. Eine gute halbe Stunde zu Fuß braucht
man schon. »Tschüs Mutti. Ich komme nächste Woche auf
jeden Fall mit Klaus vorbei«, verabschiedet sie sich, und ist
verschwunden.

Klaus Finkel kommt am Sonntag von seiner Kampfgrup-
penübung nach Hause. Es war anstrengend, aber auch
schön. Nach dem Üben für die Stärkung der Kampf- und
Einsatzbereitschaft zum Schutz der Arbeiter-und-Bauern-
Macht hatte es am Samstag einen gemütlichen »Kämpfer-
ausklang« gegeben. Jetzt fühlt er sich wie zerschlagen. Mit
über 50 ist man halt doch nicht mehr der Jüngste, geht es
ihm durch den Kopf. In der Küche auf dem Tisch findet er
einen Zettel seiner Frau. »Bin zu Mutti gefahren. Komme

aber wahrscheinlich am Wochenende zurück. Habe eingekauft. Mach Dir was zu essen. Gruß Angela.«

»Na, wird wohl länger gedauert haben. War bestimmt viel zu erledigen bei Schwiegermutter«, denkt sich Klaus und legt sich schlafen. Als er nachts munter wird und das Bett neben ihm noch immer verwaist ist, wird er unruhig. »Angela muss doch Montag wieder auf Arbeit. Oder hat sie frei?« Das wüsste er, denn sie arbeiten beide im selben Betrieb. Er ist unschlüssig. Als seine Frau auch am Morgen mit dem ersten Bus nicht mitgekommen ist, wird aus der Unruhe Sorge. »Es wird doch nichts mit der Schwiegermutter passiert sein?« Klaus Finkel setzt sich ins Auto. In Waldorf findet er die Oma wohlauf, nur seine Frau ist nicht mehr da.

»Die Angela ist doch schon am Freitag wieder nach Hause. Es muss so gegen halb sieben gewesen sein, als sie los ist«, wundert sich die Mutter.

Klaus Finkel wird von Angst gepackt. »Angela wird doch nicht ...!«

Mit dem Trabi fährt er die Armeestraße ab, schaut im langsamen Vorbeirollen nach links und rechts. Nichts. Klaus Finkel gibt beim Volkspolizei-Kreisamt eine Vermisstenanzeige auf.

Von zwei Richtungen aus organisiert die Polizei umgehend eine Suchaktion. Zielgebiete sind die Wälder links und rechts der »Alten Armeestraße«. 1,2 Kilometer von Waldorf entfernt in Höhe eines Verbindungsweges entdecken die Suchmannschaften in einer Schonung mit Bodenbewuchs und niedrigen Bäumen die Leiche einer Frau. Ihr Körper ist teilweise entblößt. Rock und Schlüpfer liegen neben der Toten, der Pullover ist bis zur Brust hochgeschoben. Gesicht und Schädel sind zertrümmert. Es ist viel Blut geflossen, das bereits getrocknet und verkrustet ist. Neben dem Kopf etwas im Unterwuchs verborgen finden die Kriminaltechniker der MUK aus Cottbus einen knapp fünf Kilogramm schweren Feldstein, der ebenfalls voller Blut ist. Ganz offensichtlich ist Angela Finkel damit erschlagen worden. Gesicht und Schädel sind zertrümmert. Zuvor aber muss der Täter sie mit aller Kraft gewürgt haben, legen sich die Gerichtsmediziner schon vor Ort fest. Die blutunterlaufenen Male am Hals sind deutlich erkennbar.

Später, bei der Obduktion, diagnostizieren sie Brüche des Schildknorpels und des Zungenbeins. Jede der Verletzungen am Hals und am Kopf hätte für sich tödlich sein können. In der Kombination hatte das Opfer keine Überlebenschance. Die Experten finden eine Vielzahl von Spuren, abgerissene Grasbüschel mit verdächtigen Anhaftungen, den Abdruck einer Sandalette, Fingerabdrücke auf dem Stein, Fasern auf der Kleidung des Opfers.

Wie ein Lauffeuer verbreitet sich die Nachricht vom Mord an Angela Finkel. Hat der unbekannte Täter mit dem Fahrrad, der schon mehrfach Frauen sexuell belästigt hat, doch wieder zugeschlagen? Er muss zurückgekehrt sein, nur er kann der Mörder sein, gibt es schnell eine einhellige Meinung.

Hans Jakobitz, der spätere Leiter der MUK in Cottbus und damals im Rang eines Oberleutnant, ist mit den Ermittlungen befasst. Er erinnert sich auch Jahre später an diese unfassbare Tat. »Zum Glück haben die Polizeiämter der beiden naheliegenden Kreisstädte schnell reagiert und in großer Mannschaftsstärke von beiden Seiten aus die Suche organisiert. Dadurch wurde das Opfer schnell gefunden, und wir konnten uns auf die Personenbewegungen konzentrieren«, so Jakobitz.

Der Bus, mit dem Angela Finkel nach Hause fahren wollte, war am Freitagabend pünktlich. »An der Haltestelle ist niemand aus- oder zugestiegen«, ist sich der Busfahrer bei seiner Befragung sicher.

Die Kriminalisten konzentrieren sich zunächst auf die Gaststätten in den Dörfern der Gegend. Alle Gäste, die sich am Freitag zwischen 18 und 20 Uhr in ihnen aufgehalten haben, werden erfasst und umgehend als Zeugen vernommen. Wer kein hieb- und stichfestes Alibi vorweisen kann, ist verdächtig. Zu ihnen gehört auch Oliver Tänzer.

Um 18 Uhr, so sagt er bei seiner Zeugenbefragung, sei er am Freitag daheim losgefahren. In der Gaststätte seines Heimatortes habe er kurz angehalten, um Zigaretten zu kaufen, habe an der Theke noch ein Bier getrunken und sei dann in normalem Tempo über die »Alte Armeestraße« nach Waldorf gefahren. Auf dem Weg sei ihm niemand begegnet. Gegen 19 Uhr sei er in der Gaststätte gewesen, um auszurichten, dass die Mutter wegen einer Grippe nicht zum Servieren kommen könne.

Die Wirtsleute bestätigen die Angaben. Die Absage hatte ihnen einiges Kopfzerbrechen bereitet, denn so schnell sei guter Ersatz nicht zu haben gewesen. Tänzer hat nach eigener Auskunft noch zwei Glas Bier getrunken und ist dann zu den Schwiegereltern gefahren und in die ehelichen Arme seiner Frau gesunken.

Die Kriminalisten überprüfen diese Angaben. »Einer von unseren Leuten ist mit dem Fahrrad die Strecke mit unterschiedlichen Geschwindigkeiten abgefahren. Dabei hat sich eine mehr oder weniger große Zeitlücke ergeben«, erinnert sich Kripo-Mann Jakobitz an den entscheidenden Ermittlungsschritt. »Wir haben Tänzer auf den Widerspruch hingewiesen. Plötzlich wollte er auf dem Rückweg eine Frau gesehen haben.«

Nach dem Weg-Zeit-Diagramm, das die Kriminalisten aufgrund der Fahrzeit nach Waldorf, dem Aufenthalt in der

Gaststätte und den Angaben der Schwiegereltern und der Frau zur Ankunftszeit von Tänzer in Kiefernau erstellt haben, ist auch diese Version nicht haltbar. Tänzer, davon sind sie überzeugt, muss dem späteren Opfer auf dem Weg nach Waldorf begegnet sein. Oder Angela Finkel hat ihren Täter schon vorher getroffen. Der könnte sie an einem anderen Ort missbraucht und getötet und dann in die Kiefernschonung geschleppt haben, wo sie gefunden wurden. Dafür aber gibt es keine Anhaltspunkte.

Tänzer windet sich. »Ich habe die Frau auf dem Weg nach Waldorf gesehen«, gibt er zu. »Gekannt habe ich sie nicht und bin grußlos an ihr vorbeigefahren.« Plötzlich sei ein Mann in NVA-Uniform auf den Weg gesprungen. »Da bin ich wie ein Verrückter abgehauen. Ich hatte Angst«, versucht er sich aus der Schlinge zu ziehen.

»Wir haben ihm klipp und klar gesagt, dass wir ihm das nicht glauben und ihm nur helfen können, wenn er uns die Wahrheit sagt. Er hat mit sich gekämpft und dann die Tat gestanden«, so MUK-Ermittler Jakobitz.

Oliver Tänzer will an besagtem 14. September 1973 schnell nach Waldorf hinüberhuschen, den Auftrag seiner Mutter erledigen und dann wie verabredet zu den Schwiegereltern fahren. Er wählt wie immer in solchen Fällen die Armeestraße, schließlich kennt er sich in der Gegend gut aus, war schon oft hier. Ein gutes Stück der Strecke ist bewältigt und der Verbindungsweg etwa einen Kilometer vor Waldorf bereits erreicht, als ihm von dort eine Fußgängerin entgegenkommt. Es ist die ihm unbekannte Angela Finkel. Beim Anblick der gut proportionierten Frau erwacht sexuelle Begierde, die sich durch die Enthaltsamkeit während der Schwangerschaft aufgestaut hat. Für ihn steht fest: »Mit der will ich Geschlechtsverkehr.« Dass er den kaum freiwillig bekommen wird, ist ihm egal. Er steigt vom Fahrrad, lässt es am Wegrand liegen, geht seinem Opfer entgegen und ist entschlossen, sich notfalls mit Gewalt zu nehmen, wonach er begehrt. Ehe sich Angela Finkel versieht, wird sie am Arm gepackt und von der Straße weg in die angrenzende Kiefernschonung gezerrt. Ungeniert und obszön macht Tänzer der überraschten und verängstigten Frau klar, was er will. »Ich muss zum Bus, lass mich gehen, sonst verpasse ich ihn«, versucht sie, den Täter von seinem Vorhaben abzubringen. Der lässt sich nicht aufhalten und fasst nur noch fester zu. Angela Finkel stolpert und fällt zu Boden. Tänzer zieht ihr Rock und Schlüpfer aus und fummelt an seiner Hose. Als er sie fallen lässt, versucht das Opfer zu entkommen. Nach wenigen Schritten ist der Fluchtversuch gescheitert. Die 53-Jährige ergibt sich in ihre unvermeidliche Vergewaltigung durch den 18-Jährigen, der ihr Sohn, ja, ihr Enkelsohn sein könnte. Der Vergewaltiger kommt schnell zum Samenerguss, säubert sich mit herausgerissenen Grasbüscheln und will gerade aufstehen, als er sein Opfer sagen hört: »Ich kenne dich, ich weiß, wo du wohnst, und zeige dich an.« Es ist der verhängnisvolle Satz einer gedemütigten Frau.

Schlagartig werden Tänzer die Konsequenzen klar: Bianka wird sich von ihm trennen, er muss ins Gefängnis, wird sein Kind nicht sehen. Alle werden über ihn reden, ihn verachten, auch die Eltern werden leiden. Die mit Gewalt genommene sexuelle Befriedigung wird im Nu abgelöst durch Angst und erbärmliches Selbstmitleid. Erneut stürzt er sich auf sein Opfer und würgt es mit beiden Händen, dass die Luft knapp wird, und fleht es an, ihn nicht anzuschwärzen. Angela Finkel aber bleibt dabei, sie will ihn anzeigen. Nun drückt Tänzer mit der ganzen Kraft seiner Maurerhände zu. Minutenlang, bis die Frau unter ihm erschlafft.

Der Mörder will ganz sicher gehen. Auf dem Weg wimmelt es von Steinen, das weiß er. Er braucht nicht lange zu suchen, bis er einen schweren Brocken zu fassen bekommt. Voller Wut schleudert er ihn mit aller Wucht auf den Kopf der Bewusstlosen: einmal, zweimal.

Tänzer verlässt den Tatort, überzeugt, dass er keinen Verrat mehr fürchten muss. Er schnappt sich sein Fahrrad vom Wegesrand und radelt von dannen, als wäre nichts geschehen. Oliver Tänzer liebkost seine Ehefrau und feiert zwei Tage ausgelassen auf dem Hochzeitsfest.

Im Haftkrankenhaus für Psychiatrie und Neurologie Waldheim wird er auf seine Zurechnungsfähigkeit bei der Tat untersucht. Der Beschuldigte, so stellt der Gutachter fest, ist willensschwach, kontakt- und gefühlsarm, schlicht strukturiert und sexuell leicht erregbar. Strafmildernde Gründe seien daraus jedoch nicht abzuleiten.

Die psychiatrischen Untersuchungen sind abgeschlossen, und doch hat der Klinikarzt das Gefühl, dass noch nicht alles ausgesprochen ist. Sollte es wirklich keine Vorgeschichte geben zu dieser Tat? Sollte sie wie aus dem Nichts geschehen sein? Wie nebenbei fragt der Psychiater: »Haben Sie bisher in allen Punkten die Wahrheit gesagt?«

Oliver Tänzer schaut den Arzt verwundert an. Äußerlich gibt er sich gelassen. Er braucht lange für eine Antwort. »Was meinen Sie damit, ob ich in allen Punkten die Wahrheit gesagt habe?«, fragt er zurück. Die rechte Hand gleitet über die Haare, mit der linken streicht er sich über das Gesicht, zupft mit den Fingern Fusseln von der Kleidung, wo gar keine sind. Erfahrene Psychiater und Vernehmer wissen, dass es typische Verhaltensweisen eines Schuldigen sind, der innerlich mit sich ringt. Dann, nach geraumer Zeit, gibt Tänzer zu: »Ich habe schon früher versucht, von Mädchen Geschlechtsverkehr zu erzwingen. Und wenn ich in Wut war, habe ich in Wäldern Feuer gelegt. Einmal, da war ich aber betrunken, bin ich in ein Haus eingestiegen, in dem die Freundin eines Kumpels wohnte. Als der Vater kam, bin ich aus dem Fenster gesprungen.«

In der Berufsschule sei unter den Jungs viel über Sex geredet und mit Erlebnissen mit Mädchen geprahlt worden. Er hätte nie richtig mitreden können, habe sich Geschichten ausgedacht, sei auch von anderen gehänselt worden. »Ich war zu schüchtern, um Mädchen anzusprechen. Ich bin zwar am Wochenende über die Dörfer gezogen, habe aber immer abseits gestanden, weil ich nicht tanzen kann«, berichtet er stockend. »Wenn Schluss war, habe ich draußen gewartet, bis ein Mädchen allein mit dem Fahrrad wegfuhr. In einsamen Gegenden bin ich dann an sie ran und wollte Geschlechtsverkehr erzwingen. Ich habe mir vorgestellt, wie es sein wird, und hatte sofort ein steifes Glied.« Erreicht habe er sein Ziel nie. »Wenn sie sich erschrocken haben, hat mir das gefallen. Ich bin aber sofort geflüchtet, wenn sich die Mädchen gewehrt und geschrien haben«, erklärt Tänzer, der große Unbekannte von der »Alten Armeestraße«. »Hinterher hatte ich immer große Angst vor einer Anzeige«, gibt er zu und spricht von zwanzig Übergriffen seit 1970. »Weil es immer gutgegangen ist, habe ich auch diesmal gedacht, dass es so sein wird.«

Das Bezirksgericht Cottbus verurteilt Oliver Tänzer im April 1974 zu einer lebenslangen Freiheitsstrafe, die durch einen Amnestieerlass des Staatsrates der DDR später auf 15 Jahre herabgesetzt wird.

Tänzer ist ein vorbildlicher Gefangener. Die Leitung der Haftanstalt bescheinigt ihm eine »positive Einstellung zum Staat und eine gute Mitarbeit bei der staatsbürgerlichen Erziehung«. Im Oktober 1987 wird er auf Bewährung aus der Haft entlassen.

Bianka, seine Frau, hatte sich längst von ihm getrennt. Dass ihr Ex-Mann so schnell wieder aus dem Gefängnis kommt, kann sie nicht verstehen.

DIE TOTE AN DER WENDESCHLEIFE

Der Mann, der in der Nacht vom 8. zum 9. Mai 1990 durch den Stadtteil am Rande der Bezirksstadt Cottbus geht, hat schwer zu schleppen. Auf seiner Schulter trägt er ein Bündel. Er will es entsorgen. Illegal natürlich, warum sonst sollte er nach Mitternacht durch die nur schwach erleuchteten Straßen schleichen. Das in einem Stück Stoff, möglicherweise einem Sack, Eingewickelte ist schwer, wiegt gut und gerne einen Zentner. Der Mann mit der in die Stirn gezogenen Mütze hat einen langen Weg geplant. Er will seine Last in einem Müllcontainer im angrenzenden Neubaugebiet und damit möglichst weit weg von seiner Wohnung in der Anonymität der ungesichert stehenden Abfallentsorgungsbehälter verschwinden lassen. Plötzlich aber rattert die Straßenbahn aus Richtung Stadtzentrum heran.

»Verflixt, das fehlt mir noch«, grollt der Nachtschwärmer. Sein schöner Plan geht nicht auf.

Er wollte unentdeckt bleiben, um keinen Ärger zu bekommen. Noch ehe ihn die Scheinwerfer der langsam herankommenden Bahn erfassen und einer der wenigen Fahrgäste ihn entdecken könnte, verschwindet er in einem Gebüsch, das vor einem Wohnhaus wuchert. Es ist von der Straße und der daneben verlaufenden Straßenbahntrasse aus nicht einsehbar. Dort entledigt er sich seiner Last. Der Sack entpuppt sich als grün-braun karierte Decke, aus der etwas gut Verschnürtes herauskullert und auf einem Stück

Rasen kurz vor einer dichten Strauchgruppe zu liegen kommt. Es ist kein schöner Ort, denn es riecht hier penetrant nach Urin und anderen Exkrementen. »Das ist ja eklig«, empört sich der Mann innerlich, schnappt seine Decke und verschwindet in der Nacht.

Am gleichen Tag, kurz nach fünf Uhr morgens an der Haltestelle Wendeschleife des Cottbuser Stadtteils. Die ersten Frühaufsteher warten auf die Straßenbahn, die sie zur Arbeit bringen soll. Als Kurt Woller eintrifft, steht dort bereits ein Arbeitskollege im Wartehäuschen. »Morgen.« – »Morgen.« Die Begrüßung ist knapp, die Wortkargheit der frühen Zeit geschuldet. Der Mann trampelt unruhig von einem Bein auf das andere, obwohl noch ein paar Minuten Zeit sind bis zur planmäßigen Abfahrt der Bahn. Die steht ja auch schon bereit im Radius der Wendeschleife etwa 50 Meter entfernt von der Haltestelle. Der Kollege im Wartehäuschen hält es kaum mehr aus. Der beim Morgenfrühstück hastig hinuntergekippte Kaffee lässt sich kaum noch halten, die Blase drückt. Moralische und hygienische Bedenken hin oder her, in Ermangelung einer öffentlichen Toilette schlägt er sich in die Büsche. Dass das gut zehn Meter entfernte Gebüsch nicht zum ersten Mal Helfer in der Not für die Notdurft ist, verrät der penetrante Geruch. Als der Mann im Gebüsch nach der Erleichterung die Augen öffnet, verfällt er für einen Moment in Schockstarre. Vor ihm in der Dämmerung erblickt er etwas Zusammengeschnürtes, das aussieht wie eine Puppe. Dafür aber ist es reichlich groß. Noch schneller als den Hinweg bewältigt er jetzt den Weg zurück. Erst unterwegs kommt er dazu, den Reißverschluss der Hose nach oben zu ziehen. »Komm bloß mal mit. Im Gebüsch liegt etwas. Könnte eine Puppe sein, vielleicht auch ein großer Haufen Lumpen oder noch was anderes«, alarmiert er Kurt Woller. So recht glaubt er aber selbst nicht an solch Harmloses. Kurt Woller ist sich beim näheren Betrachten jedenfalls schnell sicher: Dort liegt eine Person. Schläft sie nur?

Es ist eine Frau mit schwarzem Haar, das bis in den Nacken reicht. Woller fasst mit der rechten Hand an ihren Hals, um den Puls zu fühlen. Nichts, kein Lebenszeichen. Die Männer hasten zurück zur Haltestelle. Die Straßenbahn ist längst abgefahren. Von der Telefonzelle gegenüber wählt Kurt Woller den Polizeinotruf 110. Verdammt, besetzt. Nach mehreren Versuchen meldet sich endlich der Diensthabende Offizier im Volkspolizei-Kreisamt Cottbus-Stadt.

»Im Gebüsch liegt eine Frau, die ist tot«, platzt es aus Woller heraus.

»Beruhigen Sie sich«, kommt als Antwort zurück. »Wie heißen Sie? Von wo rufen Sie an? Wo liegt die Frau?« Es sind die routinierten Fragen eines erfahrenen Polizisten in einer angespannten Situation.

»Na hier, an der Wendeschleife der Straßenbahn.« Woller bemerkt nicht, dass er bei seiner Meldung vor Aufregung die Ortsangabe vergessen hat.

Die Todesursache der Frau, die unter dem Strauch zwischen Straße und dem Zaun liegt, der die Grundstücksgrenze zum Wohnhaus markiert, bleibt nicht lange ungeklärt. Die Würgemale am Hals des Opfers, die die Gerichtsmediziner noch vor Ort feststellen, sind eindeutig. Und dass es sich beim Fundort nicht um den Tatort handelt, daran gibt es ebenfalls kaum Zweifel. Die Leiche ist mit einer Wäscheleine zusammengeschnürt. Die Beine sind angewinkelt und werden von einer Fessel zusammengehalten, die oberhalb der Knöchel und der Knie verknotet ist. Ein zweiter Strick verbindet die Oberschenkel mit dem Oberkörper der Frau. Er ist zweimal um Beine und Nacken des Opfers geschlungen und mittels einer Schlinge straff gespannt. Auf den ersten Blick ist die Tote vollständig und ordentlich bekleidet. Allerdings trägt sie keinen BH und auch keinen Schlüpfer unter der Jeanshose. Körperliche Anzeichen für eine Sexualstraftat gibt es nicht. Hier hat auch kein Kampf stattgefunden, sind sich die Kriminalisten der MUK sicher. Das Gras ist kaum niedergetreten. Nach dem ersten Augenschein der Gerichtsmediziner hat das Opfer neben den Würgemalen keine Verletzungen wie Hämatome oder Kratzspuren an Armen und Oberschenkeln, die auf Abwehrreaktionen hindeuten. Was merkwürdig ist: Der Täter hat nicht versucht, die Identität des Opfers zu verschleiern. Der Personalausweis, der bei ihr gefunden wird, gibt Auskunft. Es handelt sich bei der Toten um die 31 Jahre alte Regina Rehna. Sie ist nicht verheiratet, lebt aber mit Karsten Hermann in einer Altbauwohnung in der Cottbuser Innenstadt, steht im Einwohner-Melderegister. Beide sind Lebenspartner, oder sie waren es, so jedenfalls behauptet es Hermann gegenüber den drei Kriminalisten der MUK, die ihn in das Polizeipräsidium bringen sollen. »Hängt das mit meiner ›Ollen‹ zusammen?«, fragt er. »Die habe ich seit Tagen nicht mehr gesehen.«

Das Haus, in dem Hermann und seine Partnerin Regina Rehna wohnen, liegt zwar in der Innenstadt, gehört aber längst nicht zur guten Stube des Cottbuser Stadtzentrums. Die beschränkt sich auf das »Konsument«-Warenhaus, die Stadthalle als Veranstaltungszentrum und den Altmarkt mit dem Wendischen Viertel mit Neubauten, die sich in der Architektur wenigstens zum Teil vom Plattenbauallerlei der Wohngebiete an den Rändern der Bezirksstadt unterscheiden. Die Straßen und ihre altstädtischen Häuser außerhalb dieses nur wenige Quadratkilometer umfassenden Areals haben durchaus ihren Charme, sie sehen allerdings erbärmlich aus. Der Putz an den einst schicken Fassaden ist nur noch zu erahnen, bloßliegende Ziegel lassen die Nässe durchs Mauerwerk eindringen. In einigen Häusern sind noch Einschusslöcher aus Kriegstagen zu erkennen. Aus Schornsteinen steigt der Qualm kohlebefeuerter Öfen und erschwert bei schlechtem Wetter das Atmen. Die Treppenhäuser zu den Wohnungen haben schon lange keinen Farbanstrich mehr gesehen. Für die Sanierung der Innenstädte fehlt in der DDR das Geld.

Die Wohnung des Paares Hermann und Rehna ist besonders heruntergewirtschaftet, und das durch die Schuld ihrer Bewohner. Die Küche ähnelt einer Rumpelkammer. Mehrere Fahrräder stehen herum, zwei davon sind fahrbereit, andere bestehen nur noch aus Rahmen und Tretwerk ohne Funktion. An Schränke, Herd und Spüle ist nur mit Mühe heranzukommen. Im Wohnzimmer ist ein alter Schwarz-Weiß-Fernseher der Marke Staßfurt das »Schmuckstück« der Einrichtung. In der Mitte steht ein Tisch mit einer gemusterten abwaschbaren Igelitdecke darüber. Platz ist auf dem Tisch nicht. Geschirr, Essensreste, Flaschen, Aschenbecher ergeben ein Bild der besonderen Art. Die Liege im Wohnzimmer ist als Bettstatt hergerichtet, das Bettzeug liegt unordentlich darauf, als wäre das Sofa gerade verlassen worden. Es ist mehr eine Behausung als eine solide Unterkunft, die viel aussagt über den Lebensstil ihrer Bewohner.

Karsten Hermann ist für die Polizei der Hauptverdächtige. Zeugen berichten von häufigen und heftigen, auch handfesten Auseinandersetzungen zwischen dem Paar. Hermann bestreitet das auch nicht und räumt Trennungsabsichten ein. »Regina ist seit Tagen nicht mehr in der Wohnung gewesen«, sagt er bei der Polizei aus. »Gestern habe ich sie allerdings mit dem Daniel gesehen. Wie er mit Nachnamen heißt, weiß ich nicht«, behauptet er. Der wohne jetzt im Neubaugebiet, bis Ende vergangenen Jahres habe er allerdings bei einer »Kaputten« ganz in der Nähe gelebt, deren Mann im Knast war. Bevor dieser entlassen wurde, musste er verschwinden, so Hermann, der von bewusstem Daniel eine ziemlich genaue Personenbeschreibung geben kann.

Die operative Fahndungsgruppe des Kreis-Kriminalamtes geht auf Spurensuche und wird in der Täterlichtbildkartei fündig. Daniel Eksa ist der Polizei bestens bekannt aus insgesamt sieben Vorstrafen wegen Eigentumsdelikten und asozialen Verhaltens. Und in der Tat hatte Eksa längere Zeit bei der angegebenen Frau gelebt, deren Ehemann eine Freiheitsstrafe verbüßte. Die habe sich einige Wochen vorher erkundigt, wann mit der Entlassung ihres Angetrauten zu rechnen sei, erinnert sich der Leiter des zuständigen Kriminalhauptkommissariats.

Als Karsten Hermann Fotos vorgelegt werden, erkennt er auf Anhieb Daniel Eksa als den Mann, mit dem Regina Rehna am Vortag herumgezogen ist. Umgehend wird die Zuführung von Eksa zur Vernehmung bei der MUK angeordnet.

Die Polizisten stehen vor einer schlichten Tür, die sich auch nach mehrfachen Klingeln nicht öffnet. Im Inneren regt sich nichts, kein Mucks dringt nach draußen. An der Tür ist ein Zettel mit einer Reißzwecke angebracht. Mit Kugelschreiber steht in krakliger Schrift: »Ich bin nach Westberlin abgehauen und komme auch nicht wieder. Niemand darf während meiner Abwesenheit in die Wohnung.« Eksa scheint wirklich verschwunden zu sein. Nach Angaben einer Hausbewohnerin hat sie ihn vor zwei Tagen das letzte Mal gesehen und seitdem auch keine Geräusche mehr aus der Wohnung vernommen.

Die Polizisten bleiben skeptisch. »Behalte du das Haus im Auge, ich bringe den Zettel zur Einsatzleitung«, legt Kriminaloberkommissar Otte fest. Eine Stunde später trifft die Durchsuchungsgruppe mit dem ermittelnden Bezirksstaatsanwalt ein. Eksa muss das alles beobachtet haben, denn plötzlich steht er in der Tür. Zur Flucht ist es allerdings zu spät. Er wird vorläufig festgenommen, auf mögliche Waffen abgetastet und zur Vernehmung ins Bezirkskriminalamt gebracht, wie die Bezirksbehörde der VP in der Zeit der untergehenden DDR heißt. »In der Zwischenzeit wird Ihre Wohnung inspiziert«, eröffnet ihm der Staatsanwalt.

Die Kriminaltechniker müssen nicht lange suchen, um auf Spuren zu stoßen, die Daniel Eksa in hohem Maße verdächtig machen. Links neben dem Ofen im Wohnzimmer liegt ein Stück abgeschnittene Wäscheleine, die dem Strick augenscheinlich sehr ähnelt, der um das Mordopfer geschlungen war. Zwischen Sitz und linker Armlehne des Sofas sind ein weißer BH und ein rosa Damenschlüpfer eingeklemmt. Auf dem Wohnzimmertisch liegen drei Messer: ein Schälmesser mit Holzheft und spitzer Klinge, ein 180 Millimeter langes Messer mit feststehender Klinge, bei der die Spitze abgebrochen ist und der Griff fehlt, sowie ein 225 Millimeter langes Küchenmesser mit rund auslaufender Klinge. Außerdem beschlagnahmt die Polizei einen blauen Dederonanorak mit Blutflecken am Kragen und einen Armeerucksack. Sichergestellt wird eine grün-braune Decke, auf der sich ebenfalls verdächtige Anhaftungen befinden.

In einem Gutachten wird später festgestellt, dass die Leinen am Opfer und aus der Wohnung in der Struktur, der Materialzusammensetzung und der Abnutzung übereinstimmen. Die Schnittstellen lassen sich exakt zusammenfügen und weisen zudem allesamt Merkmale auf, die mit denen von den Messern und der Schere in Eksas Wohnung identisch sind. An den Fesseln des Opfers werden zahlreiche Textilfasern gesichert, die nach kriminaltechnischer Überprüfung eindeutig von der Bekleidung des Tatverdächtigen sowie von der Decke stammen.

Die Beweise sind erdrückend. Daniel Eksa gesteht die Tat.

Eksa, zur Tatzeit fast 36 Jahre alt, und die fünf Jahre jüngere Regina Rehna kennen sich seit gut zehn Jahren. Es ist eine lose Verbindung. Man trifft sich gelegentlich in billigen Kneipen und an Imbissbuden, Orten also, an denen Menschen viel Zeit verbringen, weil sie wegen fehlender Arbeit und mangels vernünftiger Interessen davon genug haben. Am Vormittag des 8. Mai begegnen sich beide in der Innenstadt. Gemeinsam schlendern sie durch die Straßen, kaufen ein paar Flaschen Bier und genießen die Getränke auf einer Bank in einer städtischen Parkanlage. Es ist ein schöner Tag. Die Maisonne scheint schon kräftig. Es ist gemütlich und harmonisch. Regina erzählt von den Problemen mit Lebenspartner Karsten und dass sie sich wohl von ihm trennen werde, um dessen Grobheiten nicht mehr länger ertragen zu müssen. »Komm doch mit zu mir, da können wir gemeinsam Mittag essen und uns weiter unterhalten. Vielleicht kommt ja auch etwas im Fernsehen«, bietet Daniel Eksa der Bekannten an. Die willigt ein. Es ist ein ganzes Stück zu laufen quer durch die Stadt bis zu dessen Wohnung. Unterwegs kaufen sie eine große Flasche Schnaps für die geplanten gemütlichen Stunden. Mit dem Weißen und einer großen Portion Bratkartoffeln mit Speck machen es sich Mann und Frau bequem auf der Liege. Sie rücken zusammen, tauschen Zärtlichkeiten aus und entledigen sich Stück für Stück ihrer Kleidung. Von beiden ist die Intimität gewollt, an der sie gegenseitig Freude haben. Nach dem Höhepunkt ruhen beide, nackt wie sie sind, auf der Couch und schauen sich im Fernsehen eine Sendung von »elf 99« an, dem aufmüpfigen Jugendsender in der Noch-DDR. Es ist friedlich, bis sich Daniel Eksa sexuell erneut erregt. Küsse und andere Zärtlichkeiten lässt Regina geschehen. Daniel aber will mehr. »Auf einem Bein kann ich nicht stehen«, sagt er, als Regina ihm deutlich zu verstehen gibt, dass einmal an diesem Nachmittag genug für sie ist. Die Ablehnung nimmt der Mann nicht ernst. »Wenn ich will, dann will ich«, stößt er hervor, legt sich auf die Frau und versucht, deren Beine zu spreizen. Obwohl Regina eher zart gebaut ist, wehrt sie sich energisch. »Die war zäh und, wie man so sagt, nicht von schlechten Eltern«, beschreibt Eksa die Situation auf der Couch, in der er die Kontrolle über sich und das Geschehen verliert. Die unterlegene Frau droht mit einer Anzeige und beginnt zu schreien. Er lässt vom Geschlechtsverkehr ab, nicht aber vom Opfer. Eksa drückt seine rechte Hand fest auf den Mund der zuvor Geliebten und die linke, seine kräftigere, gegen den Hals. Der Kampf dauert etwa fünf Minuten, dann ist von Widerstand nichts mehr zu spüren. Regina Rehna liegt regungslos unter ihm. Auf leichte Schläge mit der flachen Hand ins Gesicht reagiert sie nicht. Statt von ihr zu lassen und Hilfe zu holen, fasst er einen folgenschweren Entschluss. Er will sichergehen, dass die Frau wirklich aus dem Leben scheidet. Diesmal umfasst er mit beiden Händen den Hals und drückt kräftig zu.

Die Tote muss aus der Wohnung, dass ist ihm klar. Draußen aber ist es noch taghell. Stunden vergehen. Er zieht Regina Bluse, Hose, Socken und Schuhe an, räumt Herumliegendes in den Schrank, sucht passende Stricke und schnappt sich eine Decke, in die er die Tote einwickeln will. Inzwischen ist die Leichenstarre eingetreten. Es fällt ihm schwer, die Beine des Opfers zu beugen, um den Körper für den Transport zusammenschnüren zu können wie sperrigen Abfall. Kurz nach Mitternacht verlässt er ungesehen seine Wohnung. Die Straßen, die er mit dem Bündel auf dem Rücken passiert, sind menschenleer. Sein Vorhaben scheint zu gelingen. Bis die nächtliche Straßenbahn heranrattert.

Ein schlechtes Gewissen und Schuldgefühle plagen Daniel Eksa nicht. Die Erklärung, die er bei polizeilichen Vernehmungen und auch vor Gericht abgibt, klingt absurd. »Ich bin der Meinung, dass ich mit der Tat Frau Rehna geholfen habe. Sie hatte immer viel Ärger mit ihrem Lebensgefährten. Er hat sie oft geschlagen, und das hätte er auch diesmal wieder getan. Ich habe sie erlöst.«

Muss ein solcher Mensch nicht krank sein? Kann man ihn überhaupt verantwortlich machen für ein Verbrechen, das er für sich selbst noch als Wohltat wertet? Hat der Alkohol, den Opfer und Täter im Verlauf des Tages bis zur Tat gemeinsam getrunken haben – jeder drei Bier und gemeinsam eine halbe Flasche Schnaps –, die Zurechnungsfähigkeit vermindert oder gar ausgeschlossen? Oder gibt es in der bisherigen Lebensentwicklung, besonders in der Kindheit und als Heranwachsender, Hinweise für eine Geisteseinschränkung?

Die Staatsanwaltschaft gibt bei der Medizinischen Akademie in Dresden ein forensisch-psychiatrisches Gutachten in Auftrag. Der Gutachter kommt zu einem eindeutigen Urteil: Es gibt keine Belege für eine verminderte Schuldfähigkeit. Ein Blick auf die Familienverhältnisse gibt allerdings Hinweise, wo Gefühlskälte und fehlendes Schuldempfinden ihre Wurzeln haben.

Daniel Eksa wächst mit sechs Geschwistern in einer Familie auf, in der der Vater herrscht wie ein Despot. Streng autoritäre und mit den Jahren zunehmend rohe und brutale

Methoden bestimmen die Erziehung der Kinder. Züchtigungswerkzeug ist ein aus breiten Lederstreifen selbst gefertigter Siebenstriemer, den Kinder wie Ehefrau schon bei geringsten Anlässen zu spüren bekommen. Beide Eltern nehmen es mit der ehelichen Treue nicht so genau. Nach acht Jahren der Gemeinsamkeit wollen sie schließlich getrennte Wege gehen. Die beim Gericht eingelegte Scheidungsklage wird mit dem Hinweis auf die minderjährigen Kinder abgewiesen. So gehen die körperlichen Misshandlungen weiter und immer weiter, und die äußeren Zeichen der Gewalt bleiben auch der Öffentlichkeit nicht verborgen. Die Kinder aber sind in einem Maße eingeschüchtert, dass selbst intensivste Befragungen durch die staatliche Jugendhilfe und durch Lehrer immer wieder nur in Ausreden über den Grund der blauen Flecke und der Striemen auf den Körpern münden.

Was sich im Inneren der Familie noch abspielt, bleibt über Jahre gänzlich verborgen. Der Mann als selbstbestimmtes Familienoberhaupt begnügt sich sexuell nicht nur mit der Gattin und seinen außerehelichen Gespielinnen, sondern vergreift sich auch an seinen minderjährigen und heranwachsenden Töchtern. Von der Mutter bekommen die Mädchen keine Unterstützung, als sie sich offenbaren. Später schickt sie ihre zweitälteste Tochter gar zum Vater ins Schlafzimmer, um Ruhe vor ihm zu haben. Zwischen Erzeuger und dem Teenager entwickelt sich ein intimes Verhältnis, das nur durch eine Schwangerschaft der Jugendlichen unterbrochen wird. Die Perversität kennt kaum Grenzen. Sohn Daniel wird vom Vater aufgefordert, es mit seiner Mutter zu treiben. Er will dabei zusehen. Der Junge widersetzt sich und erntet Prügel mit dem Siebenstriemer. Mehrfach reißen Daniel und seine ältere Schwester von daheim aus, werden aber immer wieder aufgegriffen und zurückgebracht. Als sich schließlich eines der Mädchen zur Anzeige entschließt, hat das Martyrium ein Ende. Der Vater wird 1975 durch das Kreisgericht Cottbus-Stadt wegen mehrfachen sexuellen Missbrauchs und anderer Taten zu einer Freiheitsstrafe von zwölf Jahren, die Mutter im gleichen Prozess unter anderem wegen Beihilfe zum Missbrauch zu acht Jahren Freiheitsentzug verurteilt.

Daniel Eksa schafft in der Hilfsschule den Abschluss der achten Klasse. Mit 17 Jahren wird er in einen Jugendwerkhof eingewiesen, nachdem er wieder einmal ausgerissen war und sich in Polen aufgehalten hatte. Im Jugendwerkhof, einer Einrichtung der DDR für schwererziehbare Kinder und Jugendliche, fühlte er sich erstmals geborgen. »Die Behandlung war einwandfrei«, schätzt er später einmal ein. Mit dem 18. Lebensjahr aber ist es vorbei mit der geschützten Unterbringung. Ihm wird eine Wohnung zugewiesen ,und fortan lebt er dort auf sich allein gestellt. Das misslingt ein ums andere Mal. Die Teilberufsausbildung als Fleischer bricht der junge Mann aus Lustlosigkeit ab, und zu regelmäßiger Arbeit langt es auch später nicht. Insgesamt sieben Mal landet Eksa vor Gerichten und in Gefängnissen.

Im April 1991 verurteilt der 1. Strafsenat des Bezirksgerichtes Cottbus Daniel Eksa wegen Totschlags und versuchter Vergewaltigung an Regina Rehna zu einer Freiheitsstrafe von elfeinhalb Jahren. Beim Urteil wenden die Richter das in diesem Falle mildere Gesetz der DDR an, das zum Tatzeitpunkt noch galt. Mordmerkmale wie die Absicht durch das Töten eine andere Straftat zu verdecken, verneint der Senat. Im Strafausspruch wird dem Angeklagten allerdings angelastet, dass er aus seinen Vorstrafen kaum Lehren gezogen hat und in der Hauptverhandlung keine Anzeichen von

Reue erkennen ließ. »Das Opfer spielt für ihn, so der Eindruck des Senats nach der Hauptverhandlung, keine Rolle«, heißt es in der Begründung.

Der Bundesgerichtshof kassiert ein halbes Jahr später das Urteil in Bezug auf die Höhe der Strafe und gibt damit der Revision des Angeklagten statt. Die Staatsanwaltschaft hatte auf eine Revision verzichtet. Vor allem rügt der BGH, dass die Cottbuser Richter die Vorstrafen und deren Wirkungslosigkeit bei Eksa als strafverschärfend gewertet hatten. »Die neuerdings gewonnenen Erkenntnisse über die Strafzumessungspraxis der Gerichte in der DDR legen die Besorgnis nahe, dass auch gewöhnliche kriminelle Delikte ... mit Freiheitsstrafen belegt worden sind, die das Maß des Schuldangemessenen in nicht hinnehmbarem Umfang überschritten haben.« Deshalb, so die Schlussfolgerung des BGH, dürften solche Strafen und ihre Vollstreckung bei der jetzigen Verurteilung nicht als schulderhöhend berücksichtigt werden. Sie müssten in besonderen Fällen sogar eher strafmildernd wirken, weil durch zu harte Strafen die Resozialisierung behindert worden sein könnte.

Im Februar 1992 verhandelt der 2. Strafsenat des Bezirksgerichtes Cottbus einzig und allein darüber, ein neues Strafmaß für Daniel Eksa festzulegen. Es reduziert das erste Urteil um ein Jahr auf zehneinhalb Jahre. Die Richter lassen in ihrer Begründung allerdings durchblicken, dass sie sogar eine Verurteilung wegen Mordes für möglich gehalten hätten. Da der BGH den Tatbestand des Totschlags bereits als rechtswirksam anerkannt hat, sind den Richtern in Cottbus diesbezüglich aber die Hände gebunden. »Immerhin kommt der Absicht des Angeklagten, durch die Tat seine Strafverfolgung wegen versuchter Vergewaltigung zu verhindern, so großes Gewicht zu, dass die Strafe ohne wesentliche Milderungsgründe an der oberen Grenze des Strafrahmens liegen« müsse, stellen sie in ihrem Urteil fest. Diese Grenze liegt bei 15 Jahren Freiheitsentzug.

Daniel Eksa verbüßt seine Strafe bis zum letzten Tag. 1998 wird eine vorzeitige Entlassung auf Bewährung durch das Landgericht Potsdam abgelehnt. Eksa wird nach der Entlassung für drei Jahre unter staatliche Führungsaufsicht gestellt. Ob er seitdem ein straffreies Leben führt, ist nicht bekannt.

TOD EINER MÖRDERIN

»Im Juni 1994 verfügt das Landgericht Cottbus die Aussetzung der Haft und legt eine Bewährungsstrafe auf vier Jahre fest. Einen Monat später kann Maria Mießner das Gefängnis verlassen. Im Jahre 1999 verstirbt sie im Alter von 66 Jahren.«

Es ist sind die letzten Sätze über die Mörderin Maria Mießner im Buch »Der Tote in der Wäschetruhe« mit authentischen Kriminalfällen aus der DDR (Verlag Das Neue Berlin). Maria Mießner ist nicht friedlich eingeschlafen, wie zu vermuten ist. Ganz das Gegenteil war der Fall, wie spätere Recherchen ergaben. Ihr Tod war der dramatische Endpunkt eines Lebens, das wie eine Achterbahnfahrt anmutete mit einem ständigen Auf und Ab, jähen Wendungen und tiefen Abstürzen.

Die Chronologie erfordert eine Rückschau.

Als Maria Mießner als fünftes von sechs Kindern in einer Kleinstadt im heutigen Bundesland Mecklenburg-Vorpommern das Licht der Welt erblickte, hatten Hitler und seine Nationalsozialisten gerade die Macht ergriffen und gingen daran, zahlreiche Völker der Welt und das eigene Volk in einen Strudel des Verderbens zu reißen. Die Wirren des Zweiten Weltkrieges überstand die Familie, der Vater aber war von Not, Leid und Aufopferung für die Familie in seinem Handwerksbetrieb geschwächt und starb 1949. Mit dem Familienoberhaupt wurde auch der Plan begraben, die 16-jährige Maria in den Betrieb einzuführen und ihr früh den Start in eine sichere Existenz zu schaffen. Sie fand fortan keinen Halt im Leben. Mehrfach schmiss sie Jobs und Ausbildungen hin. Sie lernte einen jungen Mann kennen und glaubte, mit ihm den starken Arm gefunden zu haben, der ihr Orientierung gibt und sie festhält in ihrer Unstetigkeit. Als jedoch Gerhard, ihr erster Sohn, geboren war, verschwand der Kindsvater Hals über Kopf auf Nimmerwiedersehen.

Die junge Mutter kehrte 1957 ihrer mecklenburgischen Heimat und dem zweijährigen Gerhard den Rücken und suchte in Wuppertal ihr Glück. Sie fand es nicht, zog zurück in die Stadt ihrer Geburt und verliebte sich erneut. Auch diese Beziehung zerbrach schon bald. Nach der Geburt ihres zweiten Sohns, Frank-Michael, stand sie wieder verlassen da.

Eberhard Mießner, die Spielbekanntschaft aus Kindheitstagen, störten die zwei unehelichen Kinder und die Tatsache, dass Maria sechs Jahre älter war, in seinen Heiratsplänen nicht. Die Hochzeitsglocken läuteten, und 1963, drei Jahre danach, wurde die gemeinsame Tochter Cordula geboren. Doch wieder ging das Glück in die Brüche. Es kam bei Mießners die Zeit von Streit und Versöhnung, Liebe und Hass, Scheidung, Heirat und erneuter Scheidung. Maria gelang der Ausbruch aus diesem Teufelskreis nicht, in dem Alkohol der Treibstoff für die immer schnellere Fahrt ins Verderben wurde.

Inzwischen war die Familie nach Cottbus »in die Kohle« abgewandert und in einer der modernen Plattenbauwohnungen sesshaft geworden. Die neue Umgebung mit gut bezahlten Arbeitsplätzen für Mießners in Tagebauen der Region und die Geburt von Enkelin Rebecca, die zur Welt kam, als Cordula gerade 17 Jahre alt und auf der Suche nach ihrem Platz im Leben war, schien die Chance für eine Umkehr zu sein. Die junge Mutter aber trieb sich lieber in Kneipen und mit Männern herum, als sich um das Kind zu sorgen. Maria wurde für die kleine Rebecca Mutter und Oma zugleich. Cordula verlor das Sorgerecht für ihre Tochter, und die Großmutter erhielt es nicht. Konnte es nicht bekommen, weil sie am 15. März 1989 ihren geschiedenen Ehemann und Noch-Immer-Lebenspartner Eberhard ermordete.

Erneut war es der Alkohol, der den Absturz zum Tiefpunkt des Lebens von Maria Mießner vorantrieb. Wieder einmal hatte sich der Lebensgefährte mit Trinkbrandwein der Marke »Kumpeltod« und anderem Fusel vollgepumpt. Und wie so oft in diesem Zustand beschimpfte er seine Lebensgefährtin unflätig, nannte sie Schlampe und Hure, die mit den Männern rummache und ihm nur Bastarde als Kinder anschleppe. Nur sie habe Schuld, dass aus Tochter Cordula nichts anderes geworden sei als eine Asoziale. Maria, ebenfalls befeuert von einigen Schnäpsen aus der Flasche »Hohensteiner Trinkbrandwein«, die sie am frühen Nachmittag aus der Kaufhalle mitgebracht hatte, gab nicht klein bei, schob ihm und seiner Sauferei die Verantwortung für die missratene Tochter zu, an den Scheidungen und dem Zerbrechen ihrer Beziehung.

Stunden später, als der Mann ihrer Alpträume nur mit Unterhose bekleidet, übel nach Schnaps und Bier stinkend und laut schnarchend auf der Couch lag, beschloss sie, ihn zu töten. Sie wollte ein Küchenmesser als Mordwaffe nutzen, doch sie schaffte es nicht, damit auf den Körper eines Menschen einzustechen. Maria holte eine Rolle Paketschnur aus dem Schrank, schlang sie dem Schlafenden um den Hals und zog zu. Ein starkes Röcheln war das Letzte, was sie von dem Mann vernahm. Minuten später war er tot.

Das Bezirksgericht Cottbus verurteilte Maria Mießner wegen Mordes zu zwölf Jahren Gefängnis. In einem Gnadenakt reduzierte das Land Brandenburg die Strafe auf acht Jahre. Im Juni 1994 verfügte das Landgericht Cottbus die Aussetzung der Haft.

Maria Mießner, inzwischen 61 Jahre alt, wird in eine Welt geschickt, die sie nicht kennt. Die Wende in der DDR hat sie hinter Gittern erlebt, und in der neuen Freiheit findet sie sich noch schlechter zurecht. Chancen auf Arbeit hat sie nicht, und es fehlen ihr wohl auch Kraft und Wille. Sie findet bei Cordula und deren Lebenspartner, Marius Molthe, eine Bleibe und landet damit wieder in jenem primitiven Milieu von Alkohol, Beschimpfungen, Verdächtigungen und Erniedrigungen, das sie stets in die Untiefen des Lebens gerissen hat.

Seit ein paar Tagen ist Maria Mießner 66 Jahre alt. Für den 3. August 1999 ist in der Wohnung ihrer Tochter Cordula und Eventuell-Schwiegersohn Marius die Nachfeier geplant. Dafür muss in erster Linie Hochprozentiges herangeschafft werden. Cordula und Marius fahren am Vorabend der Feierlichkeit gemeinsam mit einem Bekannten namens Bernd standesgemäß mit einem Taxi an einer Tankstelle vor und ordern vier Flaschen Nordhäuser Doppelkorn. In der Apotheke kommen auf Geheiß von Molthe noch zwei Packungen Tabletten à zehn Stück mit einem starken Schlafmittel hinzu. Daheim angekommen, wird der Erwerb des Trinkbaren erst einmal begossen. Eine der Flaschen erlebt den Morgen nicht mehr, auch dank der Mithilfe von Maria Mießner. Molthe mixt sich zum Abschluss mit der ganzen Ladung Schlaftabletten und dem letzten Schluck aus der Schnapspulle einen Cocktail und schläft folgerichtig am nächsten Tag bis Mittag durch. Alsdann macht er sich gemeinsam mit Freundin Cordula zu einem Spaziergang an der frischen Luft auf den Weg, der ihn nicht ganz freiwillig zur nächstgelegenen Polizeiwache führt. Hier muss er sich regelmäßig melden, hat ihm ein Richter auferlegt, wenn er nicht umgehend wieder im Gefängnis landen will. Dort hatte Molthe zwei Wochen lang unter staatlicher Obhut in einer Zelle ohne Türklinken und mit vergitterten Fenstern eingesessen, weil er einen Kumpan in räuberischer Absicht erpresst haben soll. Gegen Auflagen unter anderem zur regelmäßigen Vorsprache bei der Polizei war der Haftbefehl gegen ihn außer Vollzug gesetzt worden.

Am frühen Nachmittag des 3. August beginnt die Geburtstagsnachfeier für Maria Mießner. Allerdings nicht mit Kaffee, Torte und Schlagsahne, sondern mit den verbliebenen drei Flaschen Doppelkorn vom Vortag. Die Runde der Zecher ist die gleiche: Maria, Tochter Cordula mit Marius und der gemeinsame Bekannte Bernd. Die Männer diskutieren angeregt miteinander, ohne Maria, die Hauptperson, zu beachten, was diese wiederum zu heftigen Einsprüchen veranlasst. Marius, vom Charakter hochexplosiv, steht auf und versetzt der zierlichen, einen Meter zweiundfünfzig kleinen und 45 Kilogramm leichten Maria kurzerhand ein paar Ohrfeigen. Ihr spritzt Blut aus Mund und Nase. »Halt endlich die Schnauze und geh dir im Bad das Blut abwaschen«, herrscht er sie an. Es ist ein kleiner Zwischenfall, nichts Ernsthaftes in diesen Kreisen. Man findet wieder zusammen und trinkt weiter, bis Marius, der auf einem Stuhl sitzt, der Kopf zu einem Nickerchen auf den Wohnzimmertisch sinkt.

Zwischenfall Nummer zwei, der nach Beendigung von Molthes Schläfchen seinen Lauf nimmt, ist schon heftiger. Als Marius die Augen öffnet, meckert ihn Maria Mießner an: »Du spannst mir meine ganzen Kerle aus.« Gott und Molthe wissen damit nichts anzufangen, doch es reicht Molthe, um die Schwiegermutter in spe gegen den Wohnzimmer-

schrank zu schleudern. Die Frau ist benommen, das Hänge-
teil in der Küche, das nur ungenügend an der dünnen Wand
befestigt ist, stürzt krachend zu Boden. Mit ein paar Schnäpsen und dem Abendbrot geht die gemütliche Feierei weiter.

Beim Zwischenfall Nummer drei an diesem Geburtstags-
Nachfeier-Tag kommt Cordula ins Spiel. »Du bist genau
wie dein Vater, zu nichts nutze!«, beschimpft Maria Mießner ohne konkreten Anlass ihre Tochter, als beide nach dem
Geschirrabräumen in der Küche sind. »Dein Kind Rebecca
wirst du niemals wiedersehen, wirst nie erfahren, wo es sich
befindet.« Die Beleidigungen und Kränkungen treffen Cordula. Knapp zehneinhalb Jahre ist es jetzt her, dass der Vater
durch die Hand seiner Frau, ihrer Mutter, ermordet wurde.
Gerade die muss ihr Vorwürfe machen, denkt sie. In diesem
Moment ziehen Bilder aus ihrer Kindheit mit der wenigen
Fürsorge und Liebe an ihrem geistigen Auge vorbei, werden
Erinnerungen an die ewigen Streitereien der Eltern und an
die Gewalttätigkeiten unter ihnen lebendig. Ihre Wut kennt
keine Grenzen mehr, als die Mutter noch einen draufsetzt.
»Der Marius ist mein Bester. Den liebe ich, der kann mit mir
alles machen, was er will.« Cordula kann nicht mehr an sich
halten. Wahllos schlägt die Tochter der Mutter mit Händen
und Fäusten ins Gesicht und auf die Brust. Molthe, von dem
Gekeife der Frauen wachgeworden aus einer weiteren, alko-
holbedingten Zeit des Schlafes am Wohnzimmertisch, eilt
seiner Lebensgefährtin zu Hilfe. Fortan bearbeiten beide die
wehrlose Frau mit Fäusten und Tritten.

Die Ruhe, die danach eintritt, ist trügerisch. Als erneut
Streit wegen Nichtigkeiten ausbricht, betritt ein fünfter Akteur die Bühne der Auseinandersetzung. Der ist von Molthe
»zur Klärung von Vorwürfen« nachts um halb elf heranbeordert worden. Bei dessen Eintreffen steht Molthe mit einer Feuerzeugpistole auf der Terrasse seiner Wohnung und

brüllt lauthals in die Nacht: »Ich mach alle Anscheißer platt, ich mach euch alle platt!« Nur mit Mühe kann der Neuankömmling seinen Freund Marius beschwichtigen. In dem brodelt es jedoch weiter, und als die Feierrunde wieder unter sich ist, gibt es für Molthe kein Halten mehr. Er nimmt das abgestürzte Küchenteil und wirft es im Wohnzimmer gegen die Schrankwand. Seine Wut auf alles und jeden ist nach dieser Attacke noch längst nicht verraucht. Maria Mießner wird erneut Ziel seines Jähzorns. Grundlos schlägt er auf sie ein, packt sie wie ein nutzloses Bündel an der Kleidung im Genick und am Gesäß und schleudert die bereits verletzte und blutende Frau gegen das Mobiliar. Das Opfer bleibt im Haufen halbzertrümmerter Möbel regungslos liegen. Nur ein Röcheln aus ihrem Mund ist vernehmbar.

»Wascht ihr das Blut ab und zieht sie um. Morgen früh klären wir alles«, befiehlt er Cordula und dem Bekannten Bernd und geht ins Bett. Bernd hatte sich die ganze Zeit aus dem Zank herausgehalten. Ein gebrochener Arm aus einer kürzlich geführten Keilerei mit Marius war ihm Abschreckung genug.

Am nächsten Morgen, als Cordula nach ihrer Mutter sieht, die sie gemeinsam mit Bernd gewaschen, neu eingekleidet und auf die Couch geschleppt hatte, atmet diese nicht mehr. Maria Mießner ist tot.

Cordula stülpt jeweils einen blauen Müllsack über Kopf und Füße der Leiche und verknotet die Enden der Verpackung mit langen Schnürsenkeln. Gemeinsam mit Lebenspartner Marius steckt sie die Tote in einen Spalt zwischen Schlafcouch und Zimmerwand.

Dort, in der stickig-warmen Wohnung, wird der bereits faulende und stinkende Leichnam sechs Tage später aufgrund eines Hinweises an die Polizei bei einer Wohnungsdurchsuchung gefunden. Bei der Obduktion der Toten durch die Gerichtsmedizin werden ausgedehnte Rippenbrüche an beiden Brustkorbhälften, der Bruch des Brustbeines und ein Knochenstich im linken Lungenlappen diagnostiziert. Am Kopf stellen die Obduzenten zahlreiche Blutergüsse fest, zudem ist das Nasenbein des Opfers zertrümmert. Als Todesursache wird von den Gerichtsmedizinern am ehesten Ersticken infolge von Brustverletzungen, Rippenbrüchen und/oder ein Schädelhirntrauma angenommen. Aufgrund der bereits starken Verwesung können die Ärzte die genaue Ursache nicht mehr bestimmen.

Nach ihrer Verhaftung am 10. August 1999 gestehen Marius Molthe und Cordula, die Tochter von Maria Mießner, bei der Kriminalpolizei die Gewalttaten. In der Hauptverhandlung vor der Schwurgerichtskammer des Landgerichtes Cottbus versucht Molthe jedoch, seinen Kopf aus der Schlinge zu ziehen, um einer möglichen hohen Freiheitsstrafe zu entgehen. »Ich war bei den Verhören noch besoffen und habe die Fragen nur immer mit Ja und Amen beantwortet. Alles andere haben die Vernehmer formuliert«, behauptet er. Das Gericht glaubt ihm nicht. Nach einer Blutentnahme während der ersten polizeilichen Befragung waren beim Beschuldigten 0,5 Promille Blutalkoholkonzentration festgestellt worden. Auch seine Angaben über seine angeblich allgemein üblichen Trinkmengen haben nur ein Ziel – das Vorgaukeln einer Alkoholkrankheit mit dem Ziel auf Strafmilderung. Zwei bis drei Flaschen Schnaps gibt er als Tagesration an. Silvester will er mit drei Kumpanen 23 große Flaschen geleert haben, die meisten davon ganz allein, behauptet er. Der Sachverständige vor Gericht ist gnädig und berechnet für den Genuss von sechs Flaschen immerhin noch eine Blutalkoholkonzentration von knapp 16 Promille. In Extremfällen, so sagt die Wissenschaft, kann ein Mensch sechs Promille und bei sofortiger intensivmedizinischer Behandlung eventuell höhere Werte überleben. 16 Promille allerdings kaum.

Die Schwurgerichtskammer des Landgerichts Cottbus verurteilt nach 24 Verhandlungstagen im Zeitraum von Mai bis Dezember 2000 Marius Molthe wegen Körperverletzung mit Todesfolge zu einer Freiheitsstrafe von neuneinhalb Jahren. In das Urteil fließen zwei weitere Fälle von Körperverletzung mit ein, die Molthe zuvor begangen hatte.

Gegen Cordula, die Tochter von Maria Mießner, verhängt das Gericht wegen Körperverletzung mit Todesfolge in Tateinheit mit gefährlicher Körperverletzung eine Gefängnisstrafe von vier Jahren und drei Monaten.

GRAUSAME RACHE

Schade, dass der Urlaub in Manebach bei Ilmenau nun zu Ende ist. Zuzanna Kowalska hängt während der Zugfahrt von Ilmenau über Erfurt und Leipzig nach Cottbus ihren Gedanken nach. Die Gespräche mit ihrer Arbeitskollegin, der Schulsekretärin Edelgard Weidmann, mit der sie vom 4. bis 14. März 1986 zehn wunderschöne Tage in dem malerischen Erholungsort im Thüringer Wald verbrachte, sind inzwischen verstummt. Beide hatten die Reise als Auszeichnung für ihre Arbeit an der Oberschule der Wilhelm-Pieck-Stadt Guben zu Polen geschenkt bekommen. Zuzanna, die gebürtige Polin, ist dort Raumpflegerin. Henry, ihr Ehemann, hatte nichts gegen die Reise, obwohl er sie ungern allzu lange aus den Augen lässt. Sogar 500 Mark Urlaubsgeld hat er mit auf den Weg gegeben. Übrig geblieben ist davon nicht viel. »Egal, ich habe ja schließlich auch Geschenke eingekauft«, beruhigt sich Zuzanna. Ihre Urlaubsbekanntschaften Julia und Heike sind in Leipzig ausgestiegen. Den beiden Brüdern Peter und Frank aus Berlin haben sie bereits in Ilmenau »Tschüss« gesagt. Am 9. April, das hat man sich fest versprochen, wollen sie sich in Berlin treffen. Das ist ein günstiger Tag für Zuzanna. Sie muss wegen der Verlängerung ihres Passes ohnehin zur polnischen Botschaft.

Eine lustige Urlaubstruppe waren sie. Gemeinsam wurde viel unternommen. Die Wanderung hinauf auf den Kickelhahn war zwar anstrengend, dafür entschädigte der Blick aus über 800 Metern Höhe. Auf dem Goethe-Wanderweg waren sie unterwegs und haben auf dem Schwalbenstein erfahren, dass der große deutsche Dichter dort den vierten Akt seiner »Iphigenie« geschrieben hat.

Na ja, wenn sie ehrlich ist, haben Goethe und sein schriftstellerisches Schaffen Zuzanna weniger interessiert. Wenn sie da an den Abschiedsabend denkt! Es ging ganz schön hoch her. Am Ende der feucht-fröhlichen Sause waren Julia, Peter und sie übrig geblieben. Die letzte Flasche Wein, die sie kurz vor Ausschankschluss im Tanzsaal des Ferienheimes ergattert hatten, hatten sie mit aufs Zimmer von Julia genommen. Als das letzte Glas geleert war, zeigte sich bereits das erste Grau des heranbrechenden Tages. Man verabredete, sich gleich bei Julia die paar Stunden Schlaf zu gönnen. Die Frauen nutzten die beiden Betten des Zimmers, Peter schob sich zwei Sessel zusammen und hoffte, ohne Rückenschmerzen einigermaßen in den Morgen zu kommen. »Kannst ja mit in meinem Bett schlafen, wenn du schön lieb bist«, hatte Zuzanna dem Mann angeboten.

Ein versonnenes Lächeln huscht ihr bei der Erinnerung übers Gesicht. Natürlich wollte Peter »schön lieb sein«, doch anders, als sie es gemeint hatte. Zwei Küsse – mehr hatte sie nicht gestattet und die Hand von Peter energisch festgehalten, als diese ihrer intimsten Stelle nahe rückte. Er ist noch nicht mal fünfundzwanzig und sie immerhin schon sechsunddreißig. Außerdem ist sie Mutter von drei Kindern, für die sie Verantwortung hat. Henry wird sie dennoch nichts erzählen, beschließt sie.

Sehnsucht nach den Kindern erfasst sie. »Wie wird es ihnen ergangen sein?« Henry ist ein guter Vater, doch wenn er getrunken hat, dann wird er laut und unbeherrscht. Und getrunken hat er in letzter Zeit wieder viel. »Die Oma wird schon aufgepasst haben«, beruhigt sie sich. Die wohnt im selben Haus, und die meiste Zeit werden die Kinder sowieso bei ihr verbracht haben. Sie hat jedem ein Spielzeug mitgebracht: Für Lars, ihren Großen, der zehn Jahre alt ist, und für den ein Jahr jüngeren Timo jeweils ein Auto, für Nina natürlich eine Puppe. Sie hat alle drei gleich lieb, aber, wenn sie ehrlich ist, Nina, das siebenjährige Nesthäkchen, noch ein bisschen lieber.

Der Zug fährt in den Bahnhof Cottbus ein. Die 20 Minuten Verspätung sind nicht so schlimm. Der Bummelzug nach Guben hat gewartet. Eine knappe Stunde noch, dann ist sie daheim in der Stadt an der Neiße, die im Ergebnis des Zweiten Weltkriegs seit Jahrzehnten geteilt ist. Henry wird sie mit den Kindern abholen. Das hat er im letzten Brief versprochen. Auf dem Bahnhof aber wartet niemand auf sie. Enttäuschung kriecht in ihre Gedanken und die Sorge, dass etwas passiert sein könnte.

Als Zuzanna die Wohnung in der Gubener Grenzstraße 64 betritt, ist die Spannung, die in der Luft liegt, nahezu spürbar. Henry sitzt in der Küche und stiert vor sich hin. Er hat getrunken. Zuzanna will keinen Streit, nicht jetzt und nicht schon wieder. Sie will ihm einen Kuss geben und wird unwirsch zur Seite geschoben. »Kannst dahin gehen, wo du hergekommen bist, du polnische Hure.« Nicht das erste Mal beschimpft er sie in seiner Eifersucht auf diese Art. Bevor sie etwas sagen kann, wettert der Ehemann weiter. »Ich weiß genau, was du dort getrieben hast. Das haben mir andere Leute schon erzählt.«

Andere Leute? »Was denn, was haben sie erzählt? Nun sag es schon!«

Henry schweigt.

»Was sollen die Leute auch erzählt haben, wo nichts war.

Der will nur auf den Busch klopfen«, denkt sich Zuzanna. Sie geht hinüber ins Wohnzimmer, begrüßt Schwiegermutter Johanna und schließt ihre Kinder in die Arme.

Die nächsten Tage und Wochen werden schlimm wie noch nie. Und das will in ihrer inzwischen elfjährigen Ehe etwas heißen. Sohn Lars ist kaum geboren, da gibt es den ersten Krach. Henry kann nicht vom Alkohol und schon gar nicht von anderen Frauen lassen. Stellt sie ihn zur Rede, wird er handgreiflich und schmeißt mit Möbelstücken um sich. Er schlägt sie ins Gesicht, und je betrunkener der Mann ist, desto mehr muss sie ihm zu Willen sein. Manchmal verlangt er bis zu fünf Mal am Tag Geschlechtsverkehr.

Als Zuzanna mit Timo schwanger ist, steckt er sie mit einer Geschlechtskrankheit an. Endlich erzwingt sie eine Aussprache. »Du hast mich einmal geliebt, sogar meinen polnischen Namen hast du bei der Heirat angenommen. Mich schlägst du, beschimpfst mich grundlos als Hure, aber du gehst fremd mit anderen Weibern und findest das in Ordnung. Wenn du dich nicht sofort änderst, lasse ich mich scheiden.«

Henry Kowalski ändert sich. Fünf Jahre hält das an, dann wird er rückfällig. Zuzanna besorgt sich beim Gericht Scheidungspapiere und – lässt sie im Wohnzimmerschrank stecken. Die Familie und die Kinder sind ihr wichtig. Wieder geht es einige Zeit gut, doch nach ihrer Rückkehr aus Manebach wird das Eheleben zur Hölle.

Mitte April fliegen im Hause Kowalski/Kowalska wieder einmal die Fetzen. Zuzanna flüchtet aus dem Haus und verbringt die Nacht im Frauenruheraum der Schule. Am Morgen kehrt sie in die Wohnung zurück, um die Kinder zu versorgen. Als sie in der Küche die Frühstücksbrote schmiert, taucht Kowalski mit einem Beil auf und drischt damit auf den Tisch. Die Kinder und die Schwiegermutter werden Zeuge des Gewaltausbruches.

»Ich bringe dich um. Ich bringe euch alle um«, wütet der Mann.

Zuzanna Kowalska türmt aus der Wohnung und erstattet Anzeige beim Volkspolizei-Kreisamt. Eine Streifenwagenbesatzung wird in die Grenzstraße 64 geschickt. Den Polizisten gelingt es, den wütenden Mann zu beruhigen.

Es ist ein trügerischer Frieden.

Dass es bei den Kowalskis öfter einmal handfest zur Sache geht, bleibt keinem in dem Mehrfamilienhaus verborgen. Erstens verstehen sich die Familien untereinander gut, ohne dass man nun gleich eine vorzeigbare »sozialistische Hausgemeinschaft« ist, und zweitens sind die Auseinandersetzungen selbst durch die dickeren Wände eines Altbaus nicht zu überhören. Auch in der Schule bleiben die gestörten Familienverhältnisse nicht verborgen, und im Betrieb von Henry Kowalski ist bekannt, dass der im Arbeitskollektiv anerkannte Kollege öfter einen über den Durst trinkt und daheim ausrastet. Dass Zuzanna kein Kind von Traurigkeit sein soll, macht gerüchteweise die Runde.

Anfang Mai werden die Hausbewohner nicht nur Ohren-, sondern auch Augenzeugen eines handfesten Ehestreits. Am Samstag nach dem Mittagessen hat sich Zuzanna umgezogen und steht, nur noch mit Schlüpfer, BH und Kittelschürze bekleidet, in der Küche vor dem Bügelbrett und einem Berg Wäsche. Kaum aus dem Bett entsprungen, überkommt Ehemann Henry sofort das sexuelle Verlangen. Die Frau verweigert sich. Das Wurfgeschoss des abgewiesenen Mannes, einen Küchenstuhl, wehrt sie mit dem rechten Arm ab, was ihr eine Prellung und einen Bluterguss einbringt. Zuzanna antwortet mit gleicher Waffe, öffnet das Fenster und wirft die verbleibenden vier Küchenstühle in den Innenhof, wo die Kinder spielen und Nachbarn herumwerkeln.

»Nun kannst du mit dem Tisch und dem Schrank weiter schmeißen«, hören sie die Stimme der Frau. Und die des Vaters fordert von den Kindern: »Bringt die Stühle wieder rauf.«

Lars, Timo und Nina gehorchen, die Gattin nicht. Die hat sich im Schlafzimmer eingeschlossen und bleibt dort trotz der wütenden Proteste des Gatten. Der geht hinunter zu den Mitbewohnern und beschwichtigt: »Alles halb so wild, die beruhigt sich auch wieder.« Man genehmigt sich eine Runde Maibier, und der Samstag verläuft wie gewohnt.

Nicht jedoch der Sonntag. Zuzanna Kowalska erstattet Anzeige bei der Polizei und nimmt sie trotz Drängens und Drohens vom Ehemann nicht wie üblich zurück.

Am Dienstag, es ist der 6. Mai 1986, wird Zuzanna kurz vor Mitternacht von Karin Lodewig, ihrer Nachbarin und Freundin, aus dem Bett geholt. Zur gleichen Zeit alarmiert Thomas Lodewig die Schnelle Medizinische Hilfe. Unten auf dem Wäscheplatz des Hauses liegt Henry Kowalski mit Schaum vor dem Mund. Neben einer gehörigen Menge von Alkohol will er 30 Schlaftabletten geschluckt haben. »Der, nie und nimmer«, gibt sich Zuzanna gelassen. »Der bringt sich nicht um.«

Der Arzt des Rettungswagens stellt keine Anzeichen für eine Medikamentenvergiftung fest. Familie Lodewig, der Fahrer des Rettungswagens und Zuzanna schleppen den Betrunkenen ins Bett.

Am nächsten Tag scheint Vernunft im Kopf von Henry eingezogen zu sein. Am Abend holt er eine Flasche Rotwein aus dem Keller, die er gemeinsam mit seiner Frau genießen will, um »über die Sache« zu reden, wie er sagt. Die Lösung ist für ihn ganz einfach. Zuzanna zieht die Anzeige bei der

Polizei zurück. »Dann ist ›die Sache‹ für mich erledigt«, gibt er sich gönnerhaft. Für Zuzanna ist sie es nicht. Dass die Gattin diesmal nicht mitspielt und die Aussagen bei der Polizei nicht widerrufen will, bringt ihn aus der Fassung. »Die Angelegenheit muss noch in dieser Nacht geklärt werden, sonst ist es die letzte für euch«, droht er der Familie unverhohlen mit dem Tod.

Eine Flasche Wein und ein paar Schnäpse später beginnt es in der Wohnung zu rumoren. Zuzanna, die es im Schlafzimmer nicht mehr aushält, traut ihren Augen nicht. Vor der Tür der Lodewigs hat Kowalski Fernsehapparat, Radio, Kaffeemaschine, seine Schuhe und drei Flaschen Wein abgestellt. Einen Treppenabsatz höher vor der Wohnung seiner Mutter entdeckt Zuzanna die Geldkassette und die Sparbüchse ihres Mannes. Als sie die Gegenstände an sich nimmt, brüllt Kowalski, der wie von Sinnen ist: »Lass das stehen, das bekommt Mutti nach unserem Tod.« In der Wohnung wütet er weiter: »Euch bringe ich heute sowieso noch um, das ist euer letzter Tag. Deine Kinder siehst du nicht wieder, dein Platz ist auf dem Friedhof.«

Henrys Mutter, die die heftigen Attacken miterlebt, traut ihrem Sohn in diesem Moment alles zu. Sie bittet Familie Ziegler, die eine Treppe tiefer wohnt und durch den Krach ohnehin aufgeschreckt ist, die Polizei zu verständigen.

Gegen 4.20 Uhr treffen zwei Volkspolizisten ein. Kowalski sitzt mit hochrotem Kopf am Küchentisch. Die Wachstuch-Tischdecke vor ihm ist mit Kugelschreiber bekrakelt. »Meine Frau ist eine polnische Hure. Meine Frau ist die größte Sau auf der Welt. Hiermit erkläre ich, dass meine Frau an allem schuld ist. Die Decke liegt als Beweisstück vor. Heute ist unser letzter Tag. Hiermit verabschieden wir uns alle von unseren Freunden, Bekannten und Arbeitskollegen. Mein Chef weiß alles, ich habe mit ihm oft darüber gesprochen. Sie sollen sich an meinen Chef wenden.«

Die Polizisten ermahnen den Mann eindringlich, sich wie ein vernünftiger Mensch zu verhalten, ansonsten müsse er mit aufs VPKA kommen. Kowalski gibt sich einsichtig.

Tatsächlich zieht Ruhe ein. Vom Schlafzimmer aus hört Zuzanna ihren Mann noch kurz an der Gasheizung hantieren, kurze Zeit später liegt er neben ihr friedlich im Bett und verzichtet ganz gegen seine Gewohnheit auf Sex. Eine halbe Stunde später wacht die Frau durch einen leicht süßlichen Geruch auf. Ihr ist unwohl. Henry liegt auf dem Rücken unbeweglich in seinem Bett. Die Augen sind geöffnet, sie stieren die Decke an.

»Henry, was hast du gemacht?«

»Merkst du nicht, du polnische Hure, dass du bald krepierst?«

Zuzanna springt aus dem Bett. Der Absperrhahn an der Gasheizung der Wohnung ist geöffnet, die Brenner sind jedoch nicht gezündet. Die Mutter holt die drei Kinder aus den Betten und flüchtet mit ihnen auf den Hof. Nach einer kurzen Wartezeit schleicht die Frau mit den Kindern zurück in die Wohnung. Gemeinsam verbringen sie den Rest der Nacht im Kinderzimmer. Der Entschluss, den sie nach dieser Nacht fasst, soll unumstößlich sein. Diesmal will sie nicht mehr nachgeben.

Der 8. Mai, der in der DDR als Tag der Befreiung Deutschlands vom Faschismus begangen wird, soll zum Tag ihrer persönlichen Befreiung werden. Zwar ist es kein Feiertag mehr, und überall wird gearbeitet, aber die Kinder haben schulfrei. In der Küche ist das Frühstück für die Familie angerichtet. Henry, der überraschend nicht in den Betrieb gegangen ist, will sich mit an den Tisch setzen, so, als wäre nichts geschehen, und bleibt wie vom Blitz getroffen stehen, als Zuzanna mit fester Stimme sagt: »Ich halte das nicht mehr aus. Ich gehe heute mit den Kindern zum Gericht und reiche die Scheidung ein.«

Sie begibt sich ins Schlafzimmer und sucht im Schrank ihre Garderobe zusammen. Plötzlich spürt sie, wie etwas um ihren Hals geschlungen wird. Es gelingt ihr, sich den Hosengurt, mit dem der Mann sie würgt, vom Hals zu reißen. Sie wirbelt herum und wehrt sich heftig. Henry umfasst mit den Fingern beider Hände ihren Hals von hinten und drückt die Daumen mit aller Kraft gegen den Kehlkopf. Die Mutter sieht noch, dass ihr die Kinder zur Hilfe kommen wollen, dann verliert sie das Bewusstsein.

Als Zuzanna auf dem Fußboden liegend wieder zu sich kommt, gilt ihre erste Sorge den Kindern Nina, Timo und Lars.

»Wo sind sie?«, will sie von Henry wissen.

»Die habe ich zu den Lodewigs geschickt«, sagt er und fügt verächtlich hinzu: »Und du alte Hure lebst immer noch.«

Die Frau bettelt um ihr Leben. »Bitte, bitte, bringe mich nicht um. Denk an die Kinder, die brauchen doch ihre Mutter. Ich werde dich nicht verlassen und ziehe auch die Anzeige bei der Polizei zurück.«

»Dann ist es gut, dass du noch lebst«, bekommt sie zur Antwort. »Nun wirst du alles mit mir machen, was ich von dir verlange und was die polnischen Huren auch tun.«

Dann beginnt ein unglaubliches Martyrium. Mehrfach vergewaltigt Henry Kowalski seine Ehefrau, zwingt sie zu sexuellen Handlungen, die sie erniedrigen und vor denen sie sich ekelt. Auf dem nackten Oberkörper des Verrückten über ihr sieht sie blutige Kratzwunden. Sie vermutet, dass er sich diese mit einer Besteckgabel zugefügt hat.

Die Rettung ist ein Klingeln an der Wohnungstür. Kowalski schleicht sich zur Tür und sieht durch den Spion, dass draußen Polizisten stehen. »Du verhältst dich still und tust, was ich dir sage. Wehe, du sagst zu denen ein Sterbenswörtchen.«

Kowalski holt einen Waschlappen, reinigt sein Opfer von den Spuren der Vergewaltigungen, fordert Zuzanna auf, Nachthemd und Bademantel überzuziehen, drückt ihr eine Zigarette in die Hand und befiehlt ihr, sich an den Küchentisch zu setzen. »Denk dran, was ich dir gesagt habe«, droht er ein letztes Mal, dann öffnet er die Tür.

»Wir sind informiert worden, dass es hier eine tätliche Auseinandersetzung gibt. Was ist los bei Ihnen?«

»Gar nichts ist los. Wir sitzen hier und unterhalten uns, müssen etwas klären. Entschuldigung, wenn es etwas laut war«, bekommen die Polizisten vom Hausherren zur Antwort.

Kritisch blicken die Ordnungshüter die Frau an, die einen verstörten Eindruck macht. »Ist Ihnen nicht gut, sind Sie krank?«, erkundigen sich die Uniformierten.

Zuzanna kommt vor Angst kein Wort über die Lippen.

»Die ist schon lange krank«, antwortet statt ihrer Kowalski. Nach einer energischen Ermahnung an die Streithähne verlässt die uniformierte Staatsmacht die Wohnung.

Für Zuzanna Kowalska ist es die Gelegenheit, ihrem Peiniger zu entkommen. Sie schlüpft mit den Polizisten aus der Wohnung und klingelt bei den Lodewigs, bei denen die Kinder sein sollen. Es öffnet keiner. Sie rennt die Treppe hinunter und versucht, über den Hof ihrem Mann zu entkommen, der sie verfolgt und alles unternimmt, sie ins Haus zu ziehen. Sie sieht noch, wie der Funkstreifenwagen vom Grundstück fährt und auf die Hauptstraße biegt. Dorthin will sie auch. Verzweifelt klammert sich Zuzanna an das Geländer des Hauseingangs und hält sich am Fallrohr der Dachrinne fest. Als ihr die Kräfte zu schwinden drohen, sieht sie jemanden quer über den von mehreren Häusern umsäumten Hof kommen. Maren Rath fährt mit dem Kinderwagen ihr Baby aus.

»Bitte helfen Sie mir, mein Mann verfolgt mich«, fleht sie die junge Frau an. Die stutzt, mustert die Hilfesuchende in Nachthemd, Bademantel und Filzpantoffeln und geht weiter ihres Weges Richtung Torausfahrt. Rechts von ihr läuft Frau Kowalska, links der Ehemann, der wohl darauf vertraut, dass seine Gattin in diesem Aufzug kaum die Straße betreten wird.

»Dich kriege ich schon noch«, knurrt er vor sich hin. Er irrt sich. Zuzanna erreicht die belebte Hauptstraße und läuft dort Klaus Weidmann, dem Ehemann der Schulsekretärin, mit der sie in Manebach so schöne Tage verbracht hatte, und ihrem Nachbarn Ingo Ziegler in die Arme. Die Männer, die alles andere als zufällig aufgetaucht sind, nehmen die Frau in ihre Mitte und begleiten sie zur Arbeitsstelle in die Schule. Dort wird umsichtig gehandelt. Mit der Schnellen Medizinischen Hilfe wird Zuzanna Kowalska, bei der Würgemale und blutende Wunden am Hals deutlich sichtbar sind, ins Krankenhaus gebracht. Bevor sie in den Sankra steigt, bittet die Mutter ihre Kolleginnen, sich um die Kinder zu kümmern und sie nicht dem Vater zu überlassen.

In der Notaufnahme der Klinik werden die Wunden versorgt, die weitere stationäre Betreuung wird veranlasst.

Auf der Krankenstation hat Karin Lodewig, ihre Freundin und Nachbarin, zufällig Dienst. Sie ermutigt Zuzanna, den gewalttätigen Mann bei der Polizei erneut anzuzeigen. Von ihr erfährt Zuzanna auch, dass die Kinder in Sicherheit sind. Die größte Last fällt damit von ihr ab.

Als Nina, Timo und Lars mit ansehen mussten, was der Vater der Mutter antat, sind sie hinüber zur Schule gerannt, in der die Direktorin, die Lehrer und einige Eltern den schulfreien Tag für Dienstbesprechungen und für dringende Reparaturarbeiten in Klassenzimmern nutzen. »Frau Müller, bitte helfen Sie. Der Vati bringt die Mutti um«, flehen die Kinder ihre Direktorin an. Die reagiert sofort und alarmiert die Polizei. Später berichtet sie Oberleutnant Jäger von der Kripo von den Ereignissen an diesem Tag. »Wir hatten schon lange den Verdacht, dass Herr Kowalski Gewalt gegen seine Frau ausübt. Deshalb habe ich nicht gezögert, sofort die Polizei verständigt. Außerdem habe ich Herrn Weidmann und Herrn Ziegler gebeten, bei Kowalskis in der Grenzstraße 64 nachzusehen, was da los ist und ob Hilfe benötigt wird.«

Diese Hilfe ist dringend erforderlich, und die Schuldirektorin organisiert sie sofort, als sie erfährt, dass Zuzanna verletzt und traumatisiert im Krankenhaus liegt. Die Kinder einfach nach Hause zu schicken, kommt für sie nicht infrage. Zwei Lehrerinnen sind sofort bereit, Timo, Nina und Lars vorübergehend in ihren Familien zu betreuen.

Henry Kowalski wird später den von seiner Frau geschilderten Tatablauf heftig bestreiten und sich als Opfer darstellen. »Als ich ins Schlafzimmer kam, hat mich meine Frau mit den Worten beschimpft: ›Raus, du Sau, du Hitlerschwein, du hast hier nichts mehr zu suchen.‹ Dann hat sie mit Blumentöpfen nach mir geschmissen und mir mit einer Milchflasche auf den Kopf geschlagen, so dass mir Blut aus dem Mund lief. Mit einer Blumengabel, die auf dem Fensterbrett lag, hat sie mir die Oberarme zerkratzt. Ich habe sie am Hals gepackt, gewürgt und aufs Bett geschmissen und ihr gesagt, dass ich diesmal zur VP gehe. Da hat ihr das alles leid getan und sie hat mich zum Geschlechtsverkehr aufgefordert, den wir dreimal vollzogen«, sagt er aus.

Kowalski sucht noch am gleichen Tag den chirurgischen Bereitschaftsdienst des Krankenhauses auf. Dort werden leichte Kratzspuren an den Armen und auf dem Oberkörper registriert, doch sie sind so harmlos, dass sie nicht behandelt werden müssen.

Zur Polizei geht Kowalski nicht, stattdessen aber mit einem Blumenstrauß ins Krankenhaus, um sich mit Ehefrau Zuzanna auszusöhnen. Die aber lehnt jeden Kontakt ab. Die Stationsärztin respektiert den Wunsch der Patientin und versucht dennoch, zu vermitteln. »Sie müssen sich mit Ihrem Mann aussprechen. Die Kinder dürfen Sie ihm nicht ohne Gerichtsbeschluss entziehen. Sie müssen eine Lösung finden.« Zuzanna will keinen Besuch von ihrem Mann.

Es ist Sonntag, der 11. Mai 1986. Um 18.45 Uhr kommt Ingo Ziegler aufgeregt zum VPKA und meldet den grausigen Fund. Gruppenführer Fred Ross und seine Besatzung werden umgehend dorthin beordert. Nur wenige Minuten später wird das VPKA durch die Leitstelle der Schnellen Medizinischen Hilfe darüber informiert, dass in der Grenzstraße 64 zwei Kinder tot aufgefunden wurden, die vermutlich an einer Gasvergiftung gestorben sind. Ein drittes Kind, ein Junge, wurde mit schweren Vergiftungssymptomen ins Krankenhaus eingeliefert.

Als der Funkstreifenwagen der Polizei vor Ort eintrifft, herrscht helle Aufregung in der Grenzstraße 64. Zwei Krankenfahrzeuge stehen mit Blaulicht auf dem Hof des Grundstücks. »Wir sind auf der Straße stehen geblieben, um die Fahrzeuge nicht zu behindern. Ich bin gemeinsam mit meinem Genossen Adel auf den Hof gerannt. Dort haben wir von einem DRK-Fahrer vom Tod der beiden Kinder erfahren und dass ein drittes Kind gerade von der Notärztin versorgt wird.«

Ross fragt den Sanitäter: »Gibt es einen Täter, wo ist er?«

»Weiß ich nicht. Dazu kann ich nichts sagen.«

Thomas Lodewig, der in unmittelbarer Nähe steht, mischt sich ein. »Der Kowalski war es. Der ist mit dem Fahrrad abgehauen, in diese Richtung da.« Lodewig zeigt mit dem Arm in Richtung Volkspark und Krankenhaus.

»Los, steigen Sie ein. Wir suchen ihn«, entscheidet Gruppenführer Ross. Im Haus können die Polizisten ohnehin nicht helfen. Auf Höhe des Volksparkes ruft Lodewig: »Da ist er. Dass ist Kowalski.«

Fred Ross und sein Kollege Egbert Adel springen aus dem Fahrzeug und rennen auf eine Buschgruppe zu, hinter der sich der Tatverdächtige versteckt.

»Er hockte auf dem Boden und hatte in der rechten Hand ein Küchenmesser. Er schnitt damit an seinem linken Arm herum, der schon blutig war. Ich schlug dem Kowalski mit dem Fuß das Messer aus der Hand. Der ließ sich nach hinten auf den Rücken fallen und blieb mit ausgestrecktem Körper liegen. Er sah mich an, machte die Augen zu und zwinkerte nur noch.« Ross leistet erste Hilfe, drückt den Arm ab, auf dem er drei stark blutende Schnitte erkennt, und unterbindet mit Hilfe eines Lederriemens oberhalb der Schnittstellen die Blutzufuhr. Der Polizeibeamte fordert einen Notarzt an. Kowalski wird in das Krankenhaus gebracht, in dem auch seine Ehefrau liegt. War sie das Ziel seiner Flucht nach Entdeckung der Kinder? Hatte er das Messer mitgenommen, um seine Ehefrau im Krankenbett zu töten? Die Polizisten Ross und Adel fahren im Krankenwagen mit. Sie lassen den Tatverdächtigen keinen Moment mehr aus den Augen. Der Fahrer fährt mit dem Toni-Wagen zurück zur Grenzstraße.

Henry Kowalski versucht mehrfach im Verlauf der nächsten Stunden, mit Ross ins Gespräch zu kommen. Im Warteraum der Röntgenabteilung fragt er ihn unvermittelt: »Stimmt es, dass meine Kinder tot sind?«

Der Streifenführer und sein Polizeikollege lassen sich auf keine Diskussionen ein. Kommentarlos hören sie sich seine Beteuerungen an, dass er seine Kinder liebt und alles für sie tun würde und dass er immer gut zu ihnen war. Dass seine Frau vor acht Wochen zur Kur gewesen ist und dort rumgehurt hat und dass sie immer böse zu den Kindern sei.

Als Staatsanwalt Horst Helbig gegen 20 Uhr aus Cottbus am Tatort eintrifft, sind Entsetzen und Verwirrung noch immer groß. Seit Stunden sind die Bewohner des Hauses in heller Aufregung, seit sie erfuhren, dass die Kinder Nina, Timo und Lars verschwunden sind.

Dabei wähnten sie das Mädchen und die beiden Jungs nach dem schlimmen Streit zwischen den Kowalskis bei Gastfamilien in Sicherheit. Das war auch so, allerdings nur für eine Nacht.

Henry Kowalski muss geahnt haben, dass es Ehefrau Zuzanna diesmal ernst meint mit ihrem Vorhaben, sich von ihm zu trennen. Warum sonst hatte sie ihn im Krankenhaus abgewiesen? Warum sonst ließ sie nur ihre Schwiegermutter Johanna an sich heran, die von der Schwiegertochter mehr hält als von ihm, ihrem Sohn? Und auch Karin, die Nachbarin und Krankenschwester, hatte ihm gesagt, dass Zuzanna diesmal gewillt ist, keinen Rückzieher zu machen und dass es »eng für ihn wird«.

In seinem Kopf beginnt ein grausamer Plan Gestalt anzunehmen. Vage noch, aber die Gedanken spuken darin herum. »Wenn sie sich scheiden lässt, dann soll sie nichts haben. Mich nicht, und auch die Kinder nicht.«

Henry Kowalski weiß, wo Nina, Timo und Lars sind. Und er weiß das Gesetz auf seiner Seite. Er besitzt das Sor-

gerecht, und niemand kann ihm die Kinder einfach weg-
nehmen. Er droht den Gasteltern mit der Polizei und holt
die Tochter und die beiden Söhne am Samstag zu sich nach
Hause.

Am Sonntag nach dem gemeinsamen Mittagessen bei der
Oma – es gibt Grüne-Bohnen-Eintopf – macht sich Kowalskis Mutter auf den Weg ins Krankenhaus zur Schwiegertochter.

Für Kowalski gibt es jetzt kein Zurück mehr. Die Bilanz,
die er für sich zieht, ist verheerend: Nach seiner ersten
Scheidung vor elf Jahren steht nun auch die zweite Ehe vor
dem Aus. Dass die Kinder bei einer Trennung der Mutter zu-
gesprochen werden, ist sehr wahrscheinlich. Er stünde vor
dem Ruin. Er sinnt auf Vergeltung. »Die Hure soll nichts,
aber auch gar nichts haben«, schwört sich Kowalski. Seine
Rache soll furchtbar und endgültig sein.

Im Vorderhaus, das über einen Boden mit dem Haupt-
haus verbunden ist, steht eine Wohnung leer, zu der er als
ehrenamtlicher Hausvertrauensmann die Schlüssel besitzt.
Hier wird er sein mörderisches Vorhaben verwirklichen.
Mit einer Flasche Rotwein, ein paar Schnäpsen Boonekamp
und »Juwel Klarer« hat er sich im Verlauf des Vormittags
Mut angetrunken. Nach dem Mittagessen löst er zehn
»Faustan«, eine starke Beruhigungstablette, in Alkohol auf
und schluckt den Cocktail hinunter. Aus einer Flasche polnischen Wodkas gießt er die Hälfte in eine Milchflasche und
füllt beide Flaschen mit gelber Limonade auf. Die Flaschen
nimmt er mit. Auf dem Weg hinüber in die Leerwohnung
greift er sich aus einer Werkzeugkiste, die im Waschhaus
steht, eine Wasserpumpenzange. Im Flur der Leerwohnung
öffnet er die Leitung zum Gaszähler. Die Wohnung ist klein,
zu ihr gehören ein Wohnraum und eine Küche, die nur etwas mehr als sechs Quadratmeter groß ist. Der Gasherd, der

darin steht, hat bereits viele Jahre den Vormietern gedient, wie an den Brennern unschwer zu erkennen ist. In der Mitte der Decke befindet sich eine zur Hälfte verglaste Luke, die auf den Boden führt und die sich nur mit Hilfe eines Stabes nach oben schieben lässt. Kowalski öffnet die vier Hähne am Herd und stellt fest, dass kaum Gas ausströmt. Deshalb trennt er mit der Zange die Gasleitung vom Anschlussstück des Gasherdes. Nun ist der Durchfluss deutlich stärker. Das dazwischen montierte Absperrventil dreht er so zur Wand, dass es mit der Hand nicht mehr zu bedienen ist. Kowalski geht zurück in seine Wohnung. Im Kinderzimmer spielen und malen die Tochter und die Söhne.

»Wollen wir Eis essen gehen? Draußen ist so schönes Wetter.« Natürlich wollen die Kinder. »Zuvor zeige ich euch noch etwas«, gibt sich der Vater geheimnisvoll. »Ihr wisst ja, dass Mutti nur nach Hause kommt, wenn ich weg bin. Damit sie schnell wieder bei euch sein kann, habe ich mir etwas ausgesucht, wo ich mich verstecke und wo ihr mich besuchen könnt. Nehmt gleich eure Lieblingsspielsachen mit, damit ich eine Erinnerung an euch habe.«

Nina greift sich die flauschige Pelzraupe, die sie am liebsten von allen Plüschtieren hat, Timo nimmt sich seinen Teddy, und Lars, der Große, schnappt sich einen Regenschirm. »Falls es regnet, wenn wir dann Eis essen gehen«, sagt der praktisch veranlagte Junge.

»Vorher trinkt ihr aber noch etwas Tee. Trinken ist wichtig«, ermahnt der Vater die Kinder. Das hellbraune Getränk schmeckt komisch. Timo sieht eine noch nicht aufgelöste weiße Tablette im Teeglas. Die Kinder wollen die Treppe hinunterstürmen, doch der Vater hält sie zurück. »Kommt, wir gehen über den Dachboden, aber leise, die Nachbarn dürfen uns nicht sehen, sonst wissen sie ja, wo ich mich verstecken will.«

In der Leerwohnung schickt Henry Kowalski die Kinder in die Küche, in der sich eine Matratze und ein Stuhl befinden.

»Hier stinkt es aber«, beschwert sich Timo.

»Ach, das riecht nur so, weil die Wohnung schon so lange leer ist«, bekommt er zur Antwort.

Kowalski zieht von innen die Klinke ab, bevor er aus der Küche geht, lässt das Schloss einrasten und entfernt von außen das andere Teil der Klinke mit dem Vierkant. Im Vorraum der Küche, in dem er sich aufhält, öffnet er das Fenster, raucht Zigaretten, trinkt aus den Flaschen, die auf dem Fensterbrett und auf dem Kachelofen stehen, und wartet. Nina, Lars und Tim betteln: »Vati, lass uns raus. Uns wird schlecht, und hier stinkt es immer mehr.«

»Seid still, unten ist die Polizei, die findet uns sonst«, herrscht er sie an.

Es ist Sonntag, kurz nach 15 Uhr. Im zweiten Stock im Vorderhaus wollen sich Michaela und Daniel Kaffee brühen. Das junge Paar wohnt erst seit kurzem in der Grenzstraße und hat zu den anderen Mietern noch wenig Kontakt. Michaela lässt Wasser in den Kochkessel ein, setzt ihn auf den Herd und will mit dem Gasanzünder den Brenner in Gang setzen. Das gelingt nach einiger Mühe, doch die Flamme flackert nur. »Daniel, das Gas ist heute aber schwach. Schau doch bitte nach, woran das liegt.« Der Hahn vor dem Gaszähler seiner Wohnung ist voll geöffnet. Und dicht ist er auch, wie er nach einer waghalsigen Prüfung mit der offenen Flamme eines Feuerzeugs feststellt. Da ist alles in Ordnung. Er geht ein Stockwerk höher, um weiter nach der Ursache zu forschen. Ihm fällt auf, dass zur dortigen Wohnung die Gasleitung geöffnet ist. Dabei steht die doch leer. Er dreht das Absperrventil zu. »Vielleicht ist jemand eingezogen, und wir haben es nicht bemerkt«, kommen ihm plötzlich Zweifel. Daniel klopft an die Wohnungstür. Als sich nichts rührt, drückt er gegen die Tür. Die ist verschlossen. »War da nicht ein Geräusch?« Der junge Mann blickt zur Sicherheit durch das Schlüsselloch, in dem kein Schlüssel steckt. Auf dem Fußboden liegt ein Mann, der vor sich hinröchelt. »Hallo, ist Ihnen schlecht? Können Sie aufstehen? Bleiben Sie liegen, ich hole Hilfe.«

Daniel hetzt die Treppen hinab, rennt auf den Hof, wo Nachbarn in der Maisonne sitzen und sich unterhalten. Unter ihnen ist Mirko Raute, ein Freund von Kowalski, dem er die bestellten Entenküken zur Aufzucht für den Weihnachtsbraten bringen will und den er trotz ihrer Verabredung nicht angetroffen hat.

»Oben in der Leerwohnung liegt jemand«, ruft Daniel schon von der Haustür aus.

»Ich komme mit«, bietet sich Raute an. Die beiden Männer hasten nach oben. Durch das Schlüsselloch sieht Raute Kowalski am Fenster stehen. »Plötzlich schoss Kowalski in die andere Richtung. Es krachte, dann war er hingefallen. Er stand auf und torkelte hin und her. Ich sagte: ›Mach sofort die Tür auf. Sonst breche ich sie auf‹«, schildert Raute Oberleutnant Fuchs von der MUK noch am gleichen Abend bei der Vernehmung die Situation.

»Und was geschah weiter?«

»Es dauerte einige Zeit, bis er den Schlüssel in der Hand hatte und es ihm gelang, die Tür damit zu öffnen. Er öffnete sie einen Spalt breit und blickte hindurch. Er sah furchtbar aus, war vorn von oben bis unten vollkommen verdreckt, stank nach Alkohol und verdrehte die Augen. Ich hatte den Eindruck, dass er volltrunken war.«

Für einen Volltrunkenen reagiert Kowalski allerdings überraschend schnell, als er im Treppenhaus steht. Er hat keine Mühe, das Schlüsselloch zu finden und die Tür flugs abzuschließen, bevor Raute einen Blick ins Innere werfen kann. Den Schlüssel lässt Kowalski in der Hosentasche verschwinden. Die beiden Männer schleppen Kowalski die Treppen hinunter bis zur Sitzecke, in der sich die Nachbarn versammelt haben.

Kowalskis Mutter, die inzwischen vom Krankenbesuch bei Zuzanna zurückgekehrt ist, sitzt bei ihnen. Voller Entsetzen blickt sie ihren Sohn an, schreit ihn in schlimmster Vorahnung an: »Henry, wo sind die Kinder? Was hast du mit ihnen gemacht? Sag, was los ist!«

»Die sind bei Oma Schmidt. Dort sind sie viel besser aufgehoben als hier«, bequemt sich Kowalski nach einer Ewigkeit zur Antwort. Raute fährt gemeinsam mit Kowalskis Mutter zum Marchlewski-Ring zu Oma Schmidt. Die aber weiß von nichts.

In der Grenzstraße 64 herrscht banges Erwarten. Mirko Raute berichtet Oberleutnant Fuchs, was sich nach der Rückkehr von Oma Schmidt weiter abspielte. »Im 1. Stock rechts in der Wohnung waren alle versammelt, und auch der Henry Kowalski war dort. Er war gewaschen und hatte einen sauberen Pullover an. Alle redeten auf ihn ein und wollten wissen, wo die Kinder sind. Dann hat er gesagt, dass sie bei einem Kumpel sind. Ich wollte sie abholen, doch er lehnte das ab und wollte es am nächsten Tag selbst tun. ›Sie sind bei anständigen Menschen und dort gut aufgehoben‹, hat er geantwortet. Dann verließ er einfach die Wohnung. Wir sind alle hinter ihm her und haben auf der Treppe weiter auf ihn eingeredet, den Aufenthaltsort der Kinder zu nennen. Unten auf dem Hof sagte er zu mir: ›Wir werden uns nie wiedersehen. Du bist mein Freund, du hast es ehrlich mit mir gemeint‹, und machte Anstalten, zu mir ins Auto zu steigen.« Raute wehrt das Ansinnen ab. »Ich wollte nicht, dass er sich volltrunken zu mir ins Auto setzt, und bin nach Hause gefahren.«

Die Nachbarschaft organisiert die Suche. Wer ein Auto hat, fährt durch die Stadt, klingelt bei Bekannten, Lehrern und Freunden der Kinder. Die, die zu Fuß sind, suchen auf Spielplätzen, im Volkspark und wo sonst immer sich Kinder gern aufhalten. Nur Kowalski gibt sich gleichgültig, unternimmt nichts und raucht ungerührt eine Zigarette nach der anderen. Mehr als drei Stunden vergehen über die Suche, eine Spur von den Vermissten finden die Frauen und Männer nicht.

Nachbar Ingo Ziegler lässt das Verhalten von Kowalski keine Ruhe. »Warum hat Kowalski die Tür sofort abgeschlossen, als wir ihn geholt haben?«, fragt er sich.

»Hast du die Kinder da oben eingesperrt?«, brüllt er Kowalski an.

»Du hast ja einen Vogel«, bekommt er zur Antwort.

Ziegler glaubt ihm nicht. Er will sich Gewissheit verschaffen, geht hinauf und öffnet mit einem Schraubenzieher die Tür zum Vorraum der Leerwohnung. An der Küchentür fehlt die Klinke. Raute entdeckt sie auf dem Fußboden. Der Vierkant passt in die Öffnung.

Es ist ein grausiges Bild, das sich ihm bietet. Die Kinder liegen auf der Matratze: Timo vorn in der Nähe der Tür, dann Lars und neben einem Stuhl Nina. Ziegler riecht das Gas. Sind die Kleinen tot? Er rennt hinaus ins Treppenhaus, reißt das Fenster auf und schreit: »Ich habe die Kinder gefunden. Vielleicht sind sie schon tot. Ruft einen Notarzt. Ich informiere die Polizei.«

Als Kowalski das hört, schnappt er sich sein Fahrrad und flüchtet vom Hof.

Henry Kowalski wird am Montagvormittag wegen Mordverdachts festgenommen und nach ausführlicher Vernehmung am Abend dem Haftrichter vorgeführt. Er behauptet, dass er sich am Sonntag beim Mittagessen zum Selbstmord in der Leerwohnung entschlossen hatte. »Zu diesem Zweck ging ich in die Leerwohnung bei uns im Vorderhaus, schraubte mit einer Zange die Gasleitung vom Gasherd ab und öffnete mit der Zange das Absperrventil an der Gasuhr. Doch meine drei Kinder sind mir gefolgt, obwohl ich ihnen ausdrücklich gesagt hatte, dass sie in der Wohnung bleiben sollten. Da fasste ich den Entschluss, mich gemeinsam mit den Kindern umzubringen, das heißt, sie mit in den Tod zu nehmen. Ich weiß dann nur noch, dass ich in der Küche gesessen habe und die Kinder auf der Matratze spielten. Mir wurde schwarz vor Augen, und ich erwachte, als viele Menschen um mich rum waren.«

Gegen Henry Kowalski wird Haftbefehl erlassen. Die Staatsanwaltschaft weist die Gefängnisleitung in Cottbus darauf hin, dass auf U-Häftling Kowalski besonders zu achten ist. »Er ist gewalttätig und stark selbstmordgefährdet.«

Staatsanwalt Helbig ahnt von Beginn an, dass Kowalski kaum etwas zur Aufklärung des Mordes an seinen Kindern beitragen wird. In einer drei Seiten langen Verfügung an den Ermittlungsführer der MUK weist er darauf hin, dass der Spurensicherung und Spurenauswertung besondere Bedeutung beizumessen ist, um anhand objektiver Beweise den Tatablauf sicher rekonstruieren zu können.

Unter Leitung des langjährigen Kriminaltechnikers der MUK Cottbus, Klaus Kammer, wird der Tatort rund zwölf Stunden lang akribisch untersucht. Vor der Tür zum Küchenraum wird die Türklinke mit dem Vierkant gefunden, das Gegenstück liegt auf dem Kachelofen des Wohnzimmers. Von der Wasserpumpenzange, die ebenfalls auf dem Ofen sichergestellt wird, nehmen die Spezialisten Fingerabdruckspuren ab. In einer Wodka-Flasche, die auf dem Fußboden an der hinteren Ecke des Ofens entdeckt wird, befindet sich ein Rest von klarer gelber Flüssigkeit, die leicht aromatisch nach Limonade riecht. Eine Milchflasche mit identischer Flüssigkeit steht auf dem Fensterbrett. Daneben liegen Zigarettenkippen. Die Gerätehähne des Herdes sind geschlossen, das Zuleitungsrohr dagegen ist vom Herd getrennt und leicht nach vorn gebogen. Die Handhabe des Absperrventils ist so gedreht, dass sie zur Wand zeigt und mit der Hand nicht mehr bedienbar ist. Die Überwurfmutter weist frische Kratzspuren auf. Solche Kratzer befinden sich auch auf dem Vierkant des Hauptabsperrhahnes vor der Gasuhr.

Für Henry Kowalski ist es ein Fluch, dass Timo die Tat überlebt. Das neunjährige Kind wird mehrfach befragt. Ein Gutachter prüft, ob dessen Aussagen glaubwürdig sind oder eventuell Hirngespinsten oder gar bewussten Lügen entspringen. Dafür findet der Sachverständige keinerlei Hinweise. Bei den Vernehmungen werden dem Kind keine Suggestivfragen gestellt, bei denen Antworten quasi vorgegeben sind. Der Junge überlegt bei den Antworten genau, gibt zu, wenn er etwas nicht weiß oder sich nicht erinnern kann.

Das erste Mal wird Timo drei Tage nach der Einlieferung im Krankenhaus angehört. Ein Arzt bestätigt, dass er zwar noch etwas schwach, aber dennoch vernehmungsfähig ist. Anstelle der Mutter, die einen Schock erlitten hatte, als ihr die Nachricht vom Tod der Kinder überbracht wurde, und die noch im Krankenhaus liegt, nimmt die Leiterin der kreislichen Jugendhilfe am Gespräch mit dem Kind teil.

»Timo, wie hat sich denn alles zugetragen? Kannst du das einmal schildern, wie du es in Erinnerung hast«, wird er gefragt.

»An diesem Tag war es erst fröhlich, und dann war es traurig.«

»Kannst du uns die traurige Geschichte erzählen?«

Timo überlegt und berichtet stockend. »Vati hat uns am Sonntag, als ich ins Krankenhaus kam, mit in die leere Wohnung im vorderen Haus oben links mitgenommen. Vati sagte, dass Mutti ihn rausschmeißen will und erst aus dem Krankenhaus kommt, wenn Vati nicht mehr da ist. Wir gingen alle vier, mein Vati, meine Geschwister und ich, die Treppe hoch an der Wohnung unserer Omi vorbei zum Bodeneingang. Ich wunderte mich, dass die Tür offen stand. Sonst hängt dort immer ein Vorhängeschloss. Wir gingen in die Wohnung. Ich war vorher noch nie dort. Im vorderen großen Zimmer stand nur ein Kachelofen. Daneben ist die Tür zu einem kleinen Zimmer. Dort lag an der linken Wand eine grüne Matratze. Darauf lag eine grüne Steppdecke, so wie wir sie im Kinderzimmer haben. Rechts an der Wand stand ein Gasherd. Oben an der Decke war eine viereckige Dachluke. Von der Luke herab hing eine Stange. Diese konnte ich, wenn ich mich auf Zehnspitzen stellte und mich ganz hoch reckte, mit den Fingerspitzen gerade erreichen. Als wir alle drei Kinder in dem Zimmer waren, ging Vati wieder raus. Er zog die Klinke innen ab und machte die Tür zu. Ich drückte gegen die Tür und stellte fest, dass ich sie nicht mehr aufmachen konnte. Da bekamen wir Angst und riefen: ›Hilfe, mach auf‹ …«

»Warum habt ihr das gerufen?«, wird Timo gefragt.

»Weil Vati die Mutti gewürgt hatte, hatten wir Angst, dass er auch uns etwas antut. Wir dachten, dass er uns dort nicht mehr rauslässt.«

Der Junge erinnert sich an Details, die er sich nicht ausgedacht haben kann, weil sie mit den objektiven Beweisen am Tatort und in der Wohnung der Kowalskis übereinstimmen. Er berichtet von Tee in Gläsern, den ihnen der Vater gegeben hatte, bevor sie hinauf in die Leerwohnung gegangen waren. Dass in dem Tee noch nicht aufgelöste Tabletten waren und dass er seine Tablette ausgespuckt und den Tee nicht ausgetrunken habe, »weil der so bitter geschmeckt hat«. Er erzählt, was er in der Leerwohnung durch das Schlüsselloch der Küche gesehen hat, nachdem sie dort eingesperrt waren; dass »Vati am Fenster stand und geraucht hat«, dass »auf dem Fensterbrett eine Flasche stand, aus der Vati getrunken hat« und dass »Vati einen Teil der Klinke auf den Kachelofen gelegt hat«.

Nach und nach verblasst die Erinnerung. »Meine Geschwister haben schon geschlafen, und ich bin dann auch ganz müde geworden.«

Als Kowalski die Aussagen seines Sohnes vorgehalten werden, hat er im Ermittlungsverfahren wie auch später vor Gericht nur eine Antwort: »Timo lügt.«

Ende Juni 1986 unternimmt Henry Kowalski in seiner Haftzelle, die er sich mit zwei weiteren Gefangenen teilt, einen Selbstmordversuch. Die Mitinsassen werden in der Nacht durch Geräusche munter. Sie sehen Kowalski am Boden hocken und wie er sich mit einem Messer misshandelt. Wie er zu diesem Messer gekommen ist, kann nie aufgeklärt werden. Die Häftlinge alarmieren das Wachpersonal. Gemeinsam schleppen Schließer und Gefangene den Verletzten in den Sanitätsraum der Haftanstalt. Von dort wird er ins Bezirkskrankenhaus Cottbus gebracht. Neben Schnittverletzungen am linken Unterarm müssen die Notärzte auch Wunden am Penisschaft behandeln. Als er nach der Überführung ins Haftkrankenhaus Leipzig-Meusdorf nach den Gründen für diese Selbstverstümmlung gefragt wird, antwortet er mit weinerlicher Stimme: »Ich wollte mir das Wertvollste eines Mannes abschneiden und damit meiner Frau beweisen, dass ich sie liebe, und sie von der Scheidung abbringen.« Für eine wirkliche Amputation des »Wertvollsten« taugten die Schnitte entlang des Gemächtes nicht.

Die Weinerlichkeit des Henry Kowalski zieht sich wie ein roter Faden durch die über Monate andauernden Ermittlungen von Staatsanwaltschaft und Kripo. Eine besondere Kostprobe seines tragisch-komischen Selbstmitleids wegen der ungerechten Behandlung, der er angeblich ausgesetzt ist, liefert er im Haftkrankenhaus Leipzig. Wenige Tage nach der Ausheilung seiner »schweren Verletzungen« an Arm und Penis, die übrigens keiner besonderen Behandlungen bedurften, suchen ihn Kriminalisten auf, um ihn zu befragen. Schon nach der ersten Frage gibt er den Vernehmern zu verstehen, dass ihm »schwarz vor den Augen« wird. Er beginnt zu weinen, zittert am ganzen Körper und jammert: »Schlagt mich nicht, ich habe solche Angst vor Schlägen.« Dann rutscht er vom Stuhl auf den Fußboden. Der Stationsarzt bestätigt allerdings nach der sofortigen Untersuchung die uneingeschränkte Vernehmungsfähigkeit des Patienten.

»Sind Sie schon einmal geschlagen worden?«, fragen die Kriminalisten. Kowalski verneint es, um im gleichen Atemzug zu behaupten, dass ihm in Cottbus »mit einem Gummiknüppel mehrfach aufs Dach geschlagen« worden sei. Wie um die Spätfolgen dieser Misshandlungen zu unterstreichen, kippt er erneut seitlich vom Stuhl und harrt auf dem Boden liegend mit offenen Augen der Dinge, die nun folgen. Wieder lässt sich der Stationsarzt nicht beirren. Er gönnt ihm ein paar Minuten Ruhepause auf einer Trage, dann gibt der Mediziner erneut grünes Licht für die Fortsetzung der Vernehmung. Die aber erbringt nichts. Kowalski will sich an sein bisheriges Leben nicht erinnern können.

Auch nach einer Mittagspause geht das Spiel weiter. Wieder kommen Kowalski die Tränen. Er möchte seine drei Kinder sprechen, weil es doch am nächsten Tag Zeugnisse gibt und er ihnen für die guten Leistungen eine »Kleinigkeit zustecken« möchte. Er verlangt, seine Ehefrau zu sprechen, damit die die Scheidung zurücknimmt. Auf den Einwand der Ermittler, dass er in seiner ersten Vernehmung vom Tod seiner Kinder gesprochen hat, wird er wütend: »Das kann ja gar nicht sein. Ich war ja nicht auf ihrer Beerdigung, also leben die Kinder noch, die mir das Liebste sind.« Wieder wackelt Kowalski beängstigend auf seinem Stuhl und gibt sich erschöpft. Das Verhör wird beendet. Es hat abzüglich aller Unterbrechungen effektiv nicht einmal zwei Stunden gedauert. Endlich dem Verhörzimmer entronnen, geht Kowalski guten Fußes in seine Verwahrzelle. Ihm wird nicht schwarz vor Augen, und die Gleichgewichtsstörungen sind wie weggeblasen. Ihn plagt nur die Sorge, wie er sich eine neue Ration Tabak besorgen kann.

Den Gedächtnisverlust von Henry Kowalski an sein Leben vor dem 11. Mai 1986 kompensieren die Ermittler durch umfangreiche Zeugenvernehmungen. Nach den Aussagen der Mutter, der ersten Ehefrau von Kowalski, von Arbeitskollegen und Bekannten ergibt sich das Bild eines Mannes voller Widersprüche. Kowalski wird im November 1944 als siebentes Kind der Eheleute Bitz geboren. Es ist eine rechtschaffene Arbeiterfamilie, in der die Kinder so gut es geht aufgezogen werden. Mutter Johanna Bitz hat mit dem Jüngsten die meisten Erziehungssorgen. Vom Lernen hält Sohn Henry wenig, und sich ein- und unterzuordnen fällt ihm schwer. Der Junge geht zwar acht Jahre zur Schule, allerdings schafft er nur den Abschluss der fünften Klasse. Die Mindestanforderungen für ein schulisches Fortkommen sind für Henry zu hoch. Der 15-Jährige arbeitet bei einem privaten Dachdeckermeister als Handlanger, eine Berufsausbildung findet nicht statt. Mit 21 Jahren heiratet er und wird Vater von zwei Kindern. Die Ehe zerbricht im siebten Jahr, weil Kowalski immer öfter zu immer mehr Bier und Schnaps greift. Betrunken schlägt er seine Frau, und als die sich weigert, unter diesen Bedingungen weiter Tisch und Bett mit ihm zu teilen, geht er auf Brautschau jenseits der Grenze in Polen.

Dort lernt er Zuzanna Kowalska kennen, die fünf Jahre jünger ist als Henry. Als sich ein Kind ankündigt, heiratet das Paar. Henry Bitz nimmt den Namen der gebürtigen Polin an und heißt fortan Kowalski. Aus der Ehe gehen nach Sohn Lars mit Timo und Nina noch zwei weitere Kinder hervor. Um die schulische Entwicklung der Kinder kümmert sich vor allem die Mutter, ansonsten ist Kowalski durchaus ein guter Vater. In einer der Vernehmungen nach den schrecklichen Ereignissen vom 11. Mai sagt Timo: »Wenn Vati nüchtern ist, dann ist er lieb und leise. Hat er getrunken, dann wackelt er und muss sich an der Wand festhalten. Er grölt dann auch meist rum und ist auch schon umgefallen.«

Auf seinen Arbeitsstellen – Kowalski hatte einige davon bis zu seiner Verhaftung – wird er einerseits als guter Arbeiter eingeschätzt, andererseits macht er durch seine unbeherrschten, groben und primitiven Umgangsformen mit Kollegen wie Kunden eine Menge Schwierigkeiten. Einen Vorgesetzten kanzelt er mit den Worten ab: »Ich hau dir auf die Schnauze oder schlage dir ein Brett vor den Kopf.« Eine ältere Frau beschimpft er aus nichtigem Anlass mit Sätzen wie: »Schade, du alte Krähe, dass du schon unten bist, dich hätte ich die Treppe runtergestoßen, dass du dir das Genick gebrochen hättest, denn du hast ja sowieso nicht mehr viel auf der Mühle.« Vor der Schiedskommission des Wohngebietes muss er sich dafür verantworten und sich bei der alten Dame entschuldigen.

Kowalski ist bei aller Primitivität stets auf seinen Vorteil bedacht, und wenn ihm etwas nicht passt, hat er keine Hemmungen, Grenzen zu überschreiten. Aus eigenen Stücken rennt er zur örtlichen Dienststelle der Stasi und denunziert Ehefrau Zuzanna als Mitglied einer polnischen Schieberbande, die alles Mögliche nach Westberlin verschiebt. Die Stasi nimmt die Anschuldigungen ernst und will sein angebliches Wissen abschöpfen. Die MfS-Schnüffelnasen bekommen allerdings schnell mit, dass es alles andere als eine heiße Spur ist, die Kowalski gelegt hat. Sie lassen ihn fallen, was der mit wüsten Beschimpfungen und Beleidigungen quittiert, worauf er für ein paar Tage im Stasi-Knast landet.

Henry Kowalski legt im Verlauf der Ermittlungen mehrere Geständnisse ab. Sie beinhalten allerdings immer nur einen Teil der Wahrheit. Er ist gerissen genug, um zu wissen, dass er die Schuld am Tod seiner Kinder nicht bestreiten kann. Doch er versucht, sie so klein wie möglich zu halten, die Ursachen für die Auseinandersetzungen seiner Ehefrau in die Schuhe zu schieben und alles wie einen tragischen Unfall darzustellen. Selbst das Flehen von Mutter Johanna ändert nichts daran. Voller Verzweiflung schreibt sie ihrem Sohn einen Brief.

»Lieber Henry!

Wenn Du mit mir im Briefwechsel bleiben willst, sage bitte die volle Wahrheit und lüge nicht. Es hat doch keinen Zweck. Du machst es doch für Dich und für uns noch schlimmer. Wenn Du die Wahrheit sagst, wird auch die Strafe für Dich nicht so hoch. Ich schicke Dir dann auch Geld und alles, was Du brauchst, aber nur, wenn Du die Wahrheit sagst. Das, was Du jetzt erzählst, glaubt Dir kein Mensch. Ich weiß doch, wie sich alles zugetragen hat. Also bleibe bei der Wahrheit, es hat doch keinen Zweck zu lügen.

Wenn Du die Wahrheit sagst, komme ich Dich auch besuchen.

Herzliche Grüße
Deine Mutti«

Fast auf den Tag genau ein Jahr nach der Tat beginnt vor dem 1. Strafsenat des Bezirksgerichts Cottbus die Hauptverhandlung gegen Henry Kowalski. Staatsanwalt Horst Helbig klagt ihn wegen Mordes an den Kindern Lars und Nina und wegen versuchten Mordes an Timo an. Der Angeklagte räumt zu Beginn der Beweisaufnahme auf die Frage der Vorsitzenden Richterin nach dem Motiv der Tat seine grausame Rache für die Scheidungsabsichten seiner Frau ein. Er drückt es allerdings aus, als wollte er seiner Frau einen letzten Liebesdienst erweisen: »Meine Frau sollte von uns befreit sein.«

Das Gericht hört rund 20 Zeugen und Sachverständige. Auch Timo muss noch einmal berichten, was sich an dem verhängnisvollen Sonntag und die Tage zuvor zugetragen hat. Der Angeklagte muss in dieser Zeit den Gerichtssaal verlassen. Man will dem Jungen ersparen, im Beisein des Vaters die Tortur zu beschreiben, der seine Geschwister und er ausgesetzt waren. Timo bestätigt vor Gericht seine Aussagen im Ermittlungsverfahren zum Tathergang. Er und die anderen Zeugen belasten den Angeklagten schwer. Die Sachbeweise sprechen zudem eine eindeutige Sprache. Vor allem das wesentlichste Detail des kriminellen Handelns des Angeklagten wird ausführlich erörtert, nämlich das Abziehen der Klinke in der Küche, die später von den Kriminaltechnikern auf dem Ofen gefunden wurde. Beide Teile der Klinke liegen bei der Beweisaufnahme auf dem Richtertisch. Eine Demonstration unterstreicht, dass sie sich problemlos und ohne Werkzeug abziehen lassen. Weder

der Angeklagte noch sein Verteidiger haben dazu Fragen oder Einwände. Kowalski bestreitet dennoch, dass er seine Kinder bewusst eingesperrt und sie damit dem sicheren Tod ausgeliefert und an sich selbst mit Absicht und aus freien Stücken den Suizid nicht vollendet hat.

Das Bezirksgericht Cottbus verurteilt Henry Kowalski am 18. Mai 1987 zu einer lebenslangen Freiheitsstrafe. Die staatsbürgerlichen Rechte werden ihm auf Dauer aberkannt. Das Oberste Gericht der DDR lehnt im August des gleichen Jahres die Berufung des Angeklagten gegen das Urteil ab. Dennoch kommt Kowalski um die Höchststrafe herum, weil die Regierung im Juli anlässlich des 38. Jahrestages der DDR eine Amnestie erlässt. Die Strafe für Kowalski wird auf 15 Jahre reduziert.

Als sich die Existenz der DDR ihrem Ende nähert, schmiedet sich hinter den Gefängnismauern eine »Allianz der Mörder«. Zu ihr gehören Georg Fischer (siehe »Ungleiche Brüder« in »Der Tote in der Wäschetruhe«, Verlag Das Neue Berlin), Klaus Gruttke (siehe »Die gepfählte Frau« im gleichnamigen Buch, Verlag Das Neue Berlin) und Henry Kowalski. Die Verbrecher wollen sich als Opfer der DDR-Willkürjustiz darstellen und die Wiederaufnahme ihrer Verfahren erzwingen.

Kowalski wird von der Idee regelrecht elektrisiert. Zwischen Juli und Ende Dezember 1988 schreibt er 18 Briefe an die Staatsanwaltschaft Cottbus, den Generalstaatsanwalt und an den Justizminister der DDR. Der Inhalt ist nahezu in allen Schreiben gleich: Er ist durch Staatsanwalt Helbig und den Leiter der MUK, Hans Jakobitz, sowie Oberleutnant Fuchs zu Geständnissen gezwungen worden, hat diese nur geschrieben, um seine Mutter sehen zu können, weil Jakobitz ihm geringere Haftstrafen zugesichert und weil die Polizei seinen Gesundheitszustand ausgenutzt habe. »Der sozialistische Staat muss doch den Bürgern helfen. Die Methoden von diesen Vernehmern passen nicht in unsere sozialistische Gesellschaft. In unserem Staat darf nur die objektive Wahrheit Grundlage der Rechtsprechung sein«, jammert er.

Als im November 1989 die Mauer fällt und der Untergang der DDR besiegelt ist, wird der Ton in den Briefen schärfer. Beweise seien gefälscht worden, man habe ihn mit Medikamenten vollgestopft und die Geständnisse unter Androhung von Gewalt und mit falschen Versprechungen erzwungen. Außerdem sei das ganze Verfahren durch die Stasi manipuliert worden. »Die wollten mir den Mord anhängen, weil ich ihnen nicht als Spitzel dienen wollte«, behauptet er in einem der Schreiben.

Er wendet sich nicht mehr nur an staatliche Justiz- und Polizeibehörden der Noch-DDR, sondern schaltet nun auch das Neue Forum und die Kirche ein. Auch Wolfgang Vogel, den bekannten Unterhändler der DDR beim Freikauf von politischen Gefangenen, zieht er auf seine Seite. Der verlangt eine Begnadigung, weil der Prozess gegen seinen Mandanten möglicherweise politisch beeinflusst worden sei.

Inzwischen sind die ersten Juristen aus allen Teilen der Bundesrepublik in den Osten gekommen, um die neue Rechtsordnung auf die Beine zu stellen. In Cottbus übernimmt eine erfahrene Staatsanwältin die Überprüfung des Falles Kowalski. Sie fährt zu ihm in den Strafvollzug, um zu erfahren, welche neuen Tatsachen und Beweismittel der Gefangene vorbringen kann, die dem Gericht bei der Verurteilung nicht vorlagen. Denn nur dann ist eine Wiederaufnahme des Verfahrens sowohl nach DDR- wie auch nach BRD-Recht möglich. Die Juristin hat die Akten des Falles mit Absicht noch nicht in der Hand gehabt, um völlig unbelastet zu sein. Kowalski versucht bei der vierstündigen Vernehmung durch die Staatsanwältin, das entscheidende Beweismittel, das Abziehen der Türklinke, außer Kraft zu setzen.

»Die Küchentür hatte ein Kastenschloss. Die daran befindliche Türklinke lässt sich nach meiner Auffassung nicht abbauen. Die Küchentür war nach meiner Auffassung an beiden Seiten mit einer Türklinke versehen und hätte zum Öffnen der Küchentür ausgereicht. Die meinem Sohn Timo vorgelegte helle Klinke ist nicht die Klinke der besagten Küchentür gewesen.«

»Wenn die Küchentür zwei Klinken hatte, weshalb blieben die Kinder weiterhin in der Küche?«, hakt die Vernehmerin nach.

»Diese Frage kann ich nicht beantworten, darüber habe ich täglich nachgedacht.«

Kowalski behauptet, dass er den Gashahn in der Küche schließen wollte, um seine Kinder vor dem Tod zu bewahren. Weil sich der Hahn nicht bewegen ließ, habe er den Haupthahn an der Gasuhr abdrehen wollte. »Deshalb musste ich die Küche verlassen. Mir ist im Vorzimmer schlecht geworden, ich fiel gegen die Tür und dann gegen den Ofen. Nach diesem Sturz wusste ich nichts mehr«, sagt er der Staatsanwältin.

»Weshalb haben Sie Ihre Kinder nicht aus der Küche rausgenommen, wo doch Gas ausströmte?«

»Ich mache mir größte Vorwürfe, weil ich mich am Tod meiner Kinder schuldig fühle. Das belastet mich sehr«, gibt sich Kowalski zerknirscht. Es ist eine gespielte Reue, denn er bleibt dabei, dass der Tod der Kinder durch eine Verkettung unglücklicher Umstände verursacht wurde.

Die Staatsanwältin vergleicht die neuen Aussagen von Kowalski und die darin enthaltenen Anschuldigungen gegen Helbig und Jakobitz mit den Hunderten Seiten Vernehmungsprotokollen in den Akten, den objektiven Beweismitteln bei der Tatortsicherung sowie der Mitschrift von der gerichtlichen Hauptverhandlung. Sie findet nicht den geringsten Hinweis für juristische Unregelmäßigkeiten, für die Fälschung von Beweisen, für Medikamentenmissbrauch durch behandelnde Ärzte oder körperliche Gewalt. Sie lehnt die Wiederaufnahme des Verfahrens ab.

»Ihre Behauptungen entsprechen nicht der Wahrheit«, teilt sie Henry Kowalski mit.

Der wütende Protest von Kowalski folgt umgehend. Aus den gefälschten Akten werde sie nie die Wahrheit erfahren, schließlich müsse sie ja inzwischen wissen, mit welchen Methoden die Stasi gearbeitet hat. Sie dürfe die beiden Vernehmungsführer Helbig und Jakobitz nicht länger decken. »Das sind Verbrecher, die gehören hier rein, wo ich bin. Aber die Zeit wird kommen, das versichere ich Ihnen«, wettert er über viele vollgeschriebene Briefseiten.

Die von Kowalski angekündigte »Zeit der Abrechnung« kommt am Mittwoch, den 14. August 1991. Das von der »Allianz der Mörder« in Gang gesetzte »Untersuchungsorgan« ist die Boulevardzeitung »Super«. Das Blatt, das nach der Wende vom Verlagshaus Burda speziell für Ostdeutschland entwickelt und am 2. Mai 1991 auf den Markt gespült wurde, sieht sich als Fürsprecher für die Rechtlosen und Verfolgten in der ehemaligen DDR. Im Visier der Ermittler von »Super« stehen Staatsanwalt Helbig und der »Verhörspezialist des Staatsanwaltes«, Hans Jakobitz. »Staatsanwalt Horst Helbig (54) galt zu Honeckers Zeiten als ›scharfer‹ Hund. Gegen ihn wird wegen Erpressung und Falschaussagen ermittelt«, wird unter dem Titel »MENSCHEN; DIE UNS BEWEGEN« geschrieben. Zu Jakobitz heißt es: »Seine Verhöre,

wie sie die Opfer schildern: Schläge ins Gesicht mit Knüppel oder Faust, dann eine Zigarette, danach wieder Schläge,
Anketten am Stuhl, bis zum Geständnis.« Als Kronzeugen
benennt die Zeitung »Vier Lebenslängliche aus der Strafanstalt Brandenburg«.

Horst Helbig erinnert sich noch gut an den Freitag vor
der Veröffentlichung des Artikels. »Ich wollte gerade Feierabend machen, als zwei Reporter bei mir aufkreuzten.
Die haben mich doof gefragt, ob ich die vier Gefangenen
kenne, die mich angeblich wegen Erpressung angezeigt
haben. Ich habe den Journalisten gesagt, dass das Verbrecher sind, die auch nach bundesdeutschem Recht verurteilt
worden wären.« Später tauchten die Journalisten vor dem
Haus von Hans Jakobitz auf, der inzwischen nach 20 Jahren
als erfolgreicher Chef der MUK in Cottbus aus dem Polizeidienst ausgeschieden war. Für ein paar Westmark hatten die
»Ermittler« aus Polizeikreisen schnell dessen Wohnadresse
erfahren. »Ich war im Garten, es war warm, und ich hatte
nur eine kurze Hose und ein Turnhemd an. Die wollten sofort ein Foto von mir machen und bombardierten mich mit
Fragen. Als ich das ablehnte und einen Termin für ein Interview mit denen vereinbaren wollte, sprang ein Fotograf
auf mich zu, der sich hinter dem Auto versteckt hatte, und
knipste drauflos.«

Der Artikel in der »Super«-Zeitung schlägt hohe Wellen. Helbig und Jakobitz sind tief getroffen. Der Chef der
Staatsanwaltschaft Cottbus, Wilfried Robineck, ein Jurist
aus Nordrhein-Westfalen, stellt sich wenige Tage nach Erscheinen des reißerisch aufgemachten Pamphlets öffentlich
hinter seinen Ermittler. Der Nach-Wende-Leiter der Cottbuser Polizeibehörde, ein »Ossi«, hat ein solches Rückgrat
bei Hans Jakobitz nicht. Der sei ja schließlich kein Polizist
mehr, ist eine seiner fadenscheinigen Begründungen. Ja-

kobitz muss sich allein gegen die Verleumdungen wehren. Bürger des Ortes haben nach dem Motto, »seht mal, was der für ein Schweinehund war«, nichts Besseres zu tun, als den Zeitungsartikel zu vervielfältigen und die Kopien bei Fußballspielen auf Sportplätzen zu verteilen.

»Wenigstens meine ehemaligen Kollegen von der Kriminalpolizei haben stets zu mir gehalten«, ist Jakobitz denen noch heute dankbar.

Weder gegen Staatsanwalt Helbig noch gegen den MUK-Chef Jakobitz wurde jemals wegen Rechtsbeugung ermittelt. Auch eine erneute Überprüfung der Fälle durch hochrangige Spezialisten erbrachte keinerlei Anhaltspunkte, dass Beweise gefälscht oder Gewalt angewendet wurden oder dass die Stasi Einfluss genommen hätte. Staatsanwaltschaft und Polizei wurde eine akribische Arbeit bei der Strafverfolgung bescheinigt.

Die »Super«-Zeitung wurde nicht einmal ein Jahr alt. Der Herausgeber begrub das Projekt am 24. Februar 1992.

Henry Kowalski und die anderen Mörder erreichten das Ziel, die Wiederaufnahme ihrer Verfahren, nicht.

Für Kowalski öffneten sich im Sommer 1999 die Gefängnistore. Die Verbüßung der Reststrafe wurde auf Bewährung ausgesetzt und ihm fünf Jahre später per Gerichtsbeschluss erlassen.

Zuzanna Kowalska hat den Tod ihrer Kinder Nina und Lars nie überwunden. Allein gelassen und ohne psychologische Hilfe und Betreuung zerbrach sie an dem Schicksalsschlag, den ihr Henry Kowalski zugefügt hatte. Sie soll nach der Scheidung in Berlin abgetaucht sein. Timo wuchs in einem Heim auf.

STIMME DES DÄMONS

»Entweder sie oder du.«

»Du musst es machen.«

»Nimm ihn, und tu es. Sonst hast du nie Ruhe.«

Die Stimme ist unnachgiebig. Sie lässt nicht locker, sie fordert und verhöhnt.

Dazu dieses Klopfen: »Klack, klack, klack.« Immer im gleichen Takt. »Klack, klack, klack – mach es, mach es, mach es!«

Ich kann mich nicht auflehnen. Ich muss gehorchen. Und ich will es auch. Schon früh am Morgen hole ich den Hammer aus der Garage und verstecke ihn im Keller. »Du musst den Hammer wieder wegschaffen«, befiehlt die Stimme. Jemand könnte deiner Frau verraten, dass er dort liegt.« Ich gehorche. Wie unvorsichtig von mir.

Abends vor dem Schlafengehen öffne ich das Schlafzimmerfenster. Ich will sehen, ob das verdammte Moped der Nachbarin davor steht. Natürlich hat sie es wieder vor unserem Fenster abgestellt. Die Benzindämpfe aus dem Tank können uns vergiften. Schnell schließe ich das Fenster. Trotzdem riecht es im Zimmer. Der Gestank muss aus dem Medizinschränkchen kommen, das an der Wand steht. Meine Frau und ich tragen das Schränkchen aus dem Schlafraum. Medizingerüche sind meist giftig. Ich hasse Medikamente, die machen mich krank.

Ich liege im Bett, da klopft es: »Klack, klack, klack.« Als

wenn jemand über mir mit einem Holzknüppel auf den Fußboden schlägt. Das ist nicht zum Aushalten. Der Kopf schmerzt, und mein Kreislauf rebelliert. Ich habe darüber schon mehrmals mit meinem Arzt gesprochen und mich auch bei den Mietern beschwert.

Auf der Straße kommt ein Auto. Das Scheinwerferlicht dringt in unser Schlafzimmer. Ich sehe das Gesicht meiner Frau. Ganz deutlich ist es zu erkennen. »Jetzt musst du es machen. Du darfst das«, befiehlt mir die Stimme. »Klack, klack, klack.« Wenn es klopft, muss ich es tun. Ich stehe auf, gehe ins Wohnzimmer, ziehe Hose und Pullover über den Schlafanzug und gehe in die Garage, um den Hammer zu holen. Wieder zurück, trinke ich im Keller einen Viertelliter Apfelwein. Die Stimme hat es mir so gesagt. Am Mittag, in der Kaufhalle war das.

Wieder im Schlafzimmer sehe ich, dass meine Frau auf dem Rücken liegt. Mit dem Hammer in der Hand schlage ich zu: einmal, zweimal, dreimal. Sie atmet noch. Ich schlage wieder zu: einmal, zweimal. Sie holt immer noch Luft. Jetzt aber weniger.

Ich gehe in die Küche, trinke Kaffee und esse Pfannkuchen. Ich ziehe mich an, packe einige Sachen und warte. Man wird mich abholen und einsperren, weil ich meine Frau erschlagen habe.

Das Unfassbare, Unvorstellbare, Grausame ist geschehen. Am 3. Oktober 1984 hat die Stimme des Dämons endgültig gesiegt.

Georg Lenz kriecht früh kurz vor sieben Uhr aus dem Bett. Draußen ist es noch schummrig. Er könnte noch liegen bleiben. Der 58-Jährige hat keine Eile. Seine Frau Anna ist wie immer um diese Zeit bereits aus dem Haus. Kurz vor sechs Uhr beginnt die Arbeit der 56-jährigen Frau in einem der Industriebetriebe der Stadt, die im Süden des Bezirkes Cottbus liegt. Georg ist als Invalidenrentner den ganzen Tag zu Hause und versorgt den Haushalt. Die innere Unruhe, die ihn seit Tagen beherrscht, ist heute besonders stark. Schon gegen sieben Uhr, noch bevor er gefrühstückt hat, treibt es ihn rüber in die Garage, in der sein Skoda L105 sicher und trocken steht. Allerdings gilt diesmal nicht dem Auto die Aufmerksamkeit seines Besitzers. Der kramt vielmehr nach einem Hammer, den er in der Wohnung braucht. Zwar nicht gleich, doch er soll bei Bedarf zur Hand sein.

Unter der Werkzeugbank findet Georg das gute Stück und steckt das Werkzeug in einen mitgebrachten Perlonstoff-Beutel. Zu Hause legt er den Hammer im Keller in einen ausrangierten Kühlschrank. »Sonst findet die Anna den, und dann ist er wieder weg«, denkt er sich.

Jetzt hat er Zeit fürs Frühstück mit Kaffee der Marke »Kaffee-Mix«, einer Mischung von Malz- und Bohnenkaffee. Der schmeckt zwar nicht, ist aber billiger als der aus echten Bohnen, und unter der Woche reicht der Kaffeeersatz. Dazu gibt es zwei Stullen. Der Mann spült noch schnell die Tasse unter kaltem Wasser aus und sattelt dann sein Fahrrad für eine Tour hinaus in die Wälder der Umgebung.

Die frische Morgenluft tut gut, und vielleicht gibt es noch ein paar Pilze. Irgendwie aber fühlt sich Georg heute matt und ruhelos. Das Suchen nach den Waldfrüchten macht keinen Spaß. Außerdem soll er noch in die Kaufhalle gehen, Milch und ein paar Pfannkuchen zum Nachmittagskaffee kaufen, lautet der Auftrag seiner Frau.

Zur Mittagszeit ist Anna aus dem Betrieb zurück. Das Ehepaar bereitet gemeinsam das Mittagessen. Sonst ist es ja fertig, wenn Anna kommt. Doch heute geht ihm nichts so recht von der Hand. Die Gedanken lenken ihn immer wieder ab.

Nach dem Mittagessen setzen sich beide ins Wohnzimmer und lesen, ohne voneinander sonderlich Notiz zu nehmen. Dass Georg noch einmal kurz aus dem Haus und in die nahe gelegene Garage geht, bemerkt Anna Lenz nicht. Der Tag vergeht wie ungezählte Tage davor in ihren 34 Ehejahren. Man versteht sich nicht mehr sonderlich gut. Die Frau ist stark auf ihre Mutter und die Söhne fixiert. Ihrem Mann schenkt sie kaum noch Zuneigung.

Der Nachmittag geht vorüber, das Abendbrot ist gegessen, und schon kurz nach acht Uhr verschwindet Anna im Bett. Georg, der ihr kurz drauf folgt, stört wieder einmal die Fliege an der Wand. Er reißt das Fenster auf und regt sich über das Moped auf, das darunter steht. »Immer dieser Benzingestank«, mokiert er sich. Dann erregt er sich über das Medizinschränkchen. Widerwillig steht Anna noch einmal auf und schleppt mit ihrem Mann das Möbelstück in den Flur. Sie nimmt aus einem Fläschchen schnell noch ein paar Tropfen zur Beruhigung, um besser schlafen zu können. Morgen klingelt wieder früh der Wecker. Georg aber treibt die Unruhe um. Er krabbelt aus dem Bett. Das Unheil nimmt seinen Lauf.

Es ist spät geworden. Vor Georg Lenz stehen eine rote Lederreisetasche und seine Aktentasche. Er verstaut in der großen Tasche mehrere Ober- und Unterhemden, Unterhosen, vier Paar Strümpfe, zwei Schlafanzüge, ein paar Schuhe sowie seine Hauslatschen. In die Aktentasche wandern Schreibzeug, die Brille, Rasierpinsel, Seife und Klingenschaber. Fertig. Dann kleidet er sich um. Den braunen, langärmligen Pullover mit dem spitzen Ausschnitt, den er noch an hat, zieht er über den Kopf und legt ihn zu den anderen Sachen in die Tasche. Die braune Hose wandert auf den Sessel, ebenso der Schlafanzug, den er darunter getragen hat. Schuhe und Strümpfe bleiben an den Füßen.

Georg Lenz zieht sich seine grünlich schimmernde Lieblingshose und ein kariertes Hemd an und geht aus dem Haus.

Um 23.05 Uhr klingelt es an der Tür der städtischen Einsatzstelle des Deutschen Roten Kreuzes. Regina Buttler schreckt auf. Andächtig hatte sie im Fernsehen dem Orgelkonzert gelauscht. Die Person, die nach dem Betätigen des elektrischen Türöffners eintritt, kann die DRK-Einsatzdisponentin nicht sehen. Sie ist blind. Sie hört aber genau, was der Mann ohne Zittern in der Stimme sagt: »Ach, was ich gemacht habe, ich habe meine Frau totgeschlagen, aber sie atmet noch.« Ohne nachzufragen ergänzt der Hilfesuchende: »Ich habe mit einem Hammer zugeschlagen.« Präzise gibt er den Namen der Verletzten und die Wohnanschrift an. Dann macht er auf dem Absatz kehrt und geht von dannen.

Regina Buttler hat die Anzeige in Blindenschrift aufgenommen und füllt umgehend mit einer Schreibmaschine den Einsatzschein für den bereits alarmierten Fahrer des Krankenwagens aus. Telefonisch verständigt sie die Rettungsstelle des Kreiskrankenhauses und bittet, einen Notarzt mit dem Einsatzwagen der Dringlichen Medizinischen Hilfe zum Einsatzort zu schicken. Nur wenige Minuten später ruft die Schwester der Rettungsstelle beim DRK zurück mit dem Auftrag, die Polizei wegen des Verdachts eines Verbrechens zu alarmieren.

Als Rettungsdienst und Arzt eintreffen, sitzt Georg Lenz im Wohnzimmer im Sessel, vor sich die gepackten Taschen.

Den Rettungskräften bietet sich ein grauenvolles Bild. Der Schädel der Verletzten, die auf dem Rücken liegt, ist frontal zertrümmert. Das Loch in der Stirn ist faustgroß. Blut und Hirnmasse sind ausgetreten. Wohin die Augen auch blicken, überall ist Blut; am Kopfende des Bettes, an der Wand darüber, auf dem Ofen, der daneben steht. Im ganzen Zimmer bis in den letzten Winkel hinein befinden sich Blutspritzer. Die Frau auf dem Bett ist bewusstlos, doch sie atmet noch, genauer, sie schnappt verzweifelt nach Luft. Die Sanitäter legen die Verletzte auf die Trage und transportieren sie zum Krankenwagen.

Georg Lenz nimmt das alles ohne erkennbare Regung zur Kenntnis. Wenig später gesteht er bei der Festnahme durch die Polizei wie schon zuvor beim DRK: »Ach, was ich gemacht habe, ich habe meine Frau totgeschlagen, aber sie atmet noch.«

Zu diesem Zeitpunkt aber ist Anna Lenz schon tot. Minuten nach der Einlieferung in die Rettungsstelle erliegt sie ihren schweren Verletzungen.

Nach einer kurzen Nacht beginnt am Morgen des nächsten Tages das Verhör des Mordverdächtigen. »Warum haben Sie am 3. Oktober Ihre Ehefrau getötet?«, fragen ihn die Vernehmer.

Georg Lenz berichtet von einem Streit am Vortag, an dessen Anlass er sich nicht mehr erinnere. Bereits am Morgen habe er den Hammer in der Absicht geholt, seine Frau zu töten, warum, wisse er nicht mehr. Die Stimme habe ihm befohlen, dass er es jetzt tun müsse. Vorher solle er aber noch etwas Wein trinken. Am Abend im Bett habe er dann die Klopfzeichen gehört, dieses Klack, klack, klack! Klopfzeichen seien immer die Aufforderung gewesen, Gedanken in seinem Kopf auszuführen. Dann habe er im Licht der Autoscheinwerfer den Kopf seiner Frau gesehen. »Da wusste ich, dass ich sie töten sollte.«

Nach der Tat ist Georg Lenz erleichtert. Er hat Ruhe vor der Stimme. Und er hat Angst vor der Zukunft und dem Leben ohne seine Frau.

Einen Tag nach dem Mord an Anna Lenz wird Ehemann Georg in eine Nervenklinik eingeliefert. Die Staatsanwaltschaft Cottbus gibt ein Gutachten in Auftrag. Die Ermittlungen hätten ergeben, dass Georg Lenz seit Jahren an paranoid-halluzinatorischer Schizophrenie leiden und bei der Tat nicht zurechnungsfähig gewesen sein könnte. Zudem sei zu klären, ob die Straftat durch frühzeitiges Reagieren hätte verhindert werden können.

Was Georg Lenz schildert, ist die Geschichte eines dramatischen Lebens.

Georg Lenz wächst mit zwei jüngeren Schwestern in einer Kleinstadt im heutigen Polen auf. Der Vater ist Holzarbeiter in einem Sägewerk, die Mutter Hausfrau. Der Krieg zerreißt die Familie. Georg muss seine Maurerlehre abbrechen, weil Hitler ihn für den Reichsarbeitsdienst und später bei der Marine für seine wahnwitzigen Machtpläne braucht. Kurz vor Ende des Krieges gerät der Marinesoldat in russische Gefangenschaft, aus der er drei Jahre später in das Gebiet der späteren DDR entlassen wird. Mit 26 heiratet er seine Anna, die zwei Söhne zur Welt bringt. Die Familie wird zum Mittelpunkt für ihn. Der Vater ist 1966 verstorben. Kriegswirren, Schufterei und der Alkohol haben ihn aufgefressen. Der Kontakt zu seinen Schwestern ist abgerissen und der zur Mutter beschränkt sich auf ein paar Briefe im Jahr. Besuchen darf er seine Angehörigen nicht. Sie wohnen im Westen, der für DDR-Bürger unerreichbar ist. Zumal Georg zunächst den Weg in die Kasernierte Volkspolizei einschlägt und sogar die Offiziersschule besucht. Dort scheidet er auf eigenen Wunsch aus, weil ihn die Theorie überfordert. Merkschwäche und psychische Labilität lassen ihn fortan auch in anderen Berufen nur schwer Fuß fassen. Lenz scheitert als Berufsschullehrer, als hauptamtlicher

Funktionär in einer gesellschaftlichen Organisation und schließlich auch in seinem Beruf als Maurer. Zuletzt wird er von seinem Betrieb nur noch als Hofarbeiter eingesetzt.

Der Mann wird mehr und mehr zum Einzelgänger. Seine psychischen Probleme bleiben Außenstehenden verborgen, in der Familie werden sie zu einer schweren Belastung. Georg Lenz wird von einem Gefühl der Enge beherrscht, glaubt sich verfolgt und bespitzelt. Und er hört Stimmen, die ihm sagen, dass es nun bald vorbei sei. Lenz zerschneidet Kleidungsstücke und Mopedreifen in kleine Stücke und verstreut sie in der Gegend. Wer stirbt, braucht das Zeug nicht mehr.

Anna geht mit ihrem Mann zum Arzt, der weist ihn in ein Fachkrankenhaus für Neurologie und Psychiatrie ein. Weitere stationäre Behandlungen folgen in den nächsten zwei Jahren. Mal verspürte Lenz Gasgeruch, dann hörte er ohrenbetäubendes Klingeln im Garten und aus Kornfeldern. Das neue Medikament, das ihm verschrieben wird, und die ständige ambulante Betreuung zeigen Wirkung. Fast zehn Jahre lang.

Doch wirklich zur Ruhe kommt er nicht. Er gibt Anna die Schuld an seinem Zustand und wirft ihr vor, dass sie ihn in die Klinik abgeschoben hat, wie er glaubt. Ständig hockt sie nur mit ihrer Mutter und dem ältesten Sohn zusammen, für ihn hat sie nur ironische Bemerkungen übrig, macht Fingerspiele, um ihn zu ärgern und moralisch zu zermürben. Und mit dem Arzt hat sie sich auch verbündet, setzt es sich in Georgs Denken fest. Mal verschreibt der ihm Tabletten, die das Blut aus dem Kopf treiben, dass er nicht mehr weiß, ob er sich aufhängen oder unter ein Auto werfen soll. Dann bekommt er Medikamente, die ihn merkwürdige Stimmen hören lassen oder Herzschmerzen verursachen. Obwohl Anna weiß, dass ihm die Medizin schadet, muss er die Tabletten und Tropfen, all dieses giftige Zeug, schlucken. Darauf achtet sie streng, weil sie will, dass er stirbt, redet sich der Mann ein.

Georg Lenz beginnt, seine Frau zu hassen, und versucht, ihren Attacken auf seine Gesundheit zu entkommen, indem er die Medizin versteckt, statt sie einzunehmen. Der Kranke muss erneut in die Klinik. Er bildet sich ein, dass ihn die Polizei mit Strahlen beschoss, als er einen Antrag auf den Besuch seiner Mutter in Westberlin stellte. Und da war auch wieder die Stimme des Mannes, die ihm befahl, einen Schuppen anzubrennen und die Reifen seines Autos zu zerschneiden. Beides war ihm zu schade. Er steckte im Nachbarort einen Lkw-Anhänger in Brand. Er musste es tun, sonst hätte ihn sein Arzt getötet.

Die Behandlungen in der Klinik und die regelmäßigen Einnahmen der Medikamente helfen Lenz. Ist er entlassen, kommen die Ängste zurück. Er ist überzeugt, dass ihn alle beobachten, dass sie alles über ihn wissen und über ihn reden.

Anfang Oktober 1984 wird seine Stimmung immer schlechter. Wieder ist die Stimme da, die ihn verhöhnt und beleidigt und ihm Befehle erteilt, die zu erfüllen sind.

Am Vorabend der Tat geht es Georg Lenz besonders schlecht. Er sucht seinen Psychiater auf. Zuvor gibt er auf der Kreisdienststelle des Ministeriums für Staatssicherheit einen Beschwerdebrief ab, der später zu den polizeilichen Ermittlungsakten genommen wird. Seit zehn Jahren werde er von seinem Arzt mit Medikamenten behandelt, die seinen Tod herbeiführen sollten, steht da auf Seifenverpackungspapier geschrieben. Das seien KZ-Methoden, die er ablehne und verabscheue. Mit der unmenschlichen Behandlungsweise sei er nicht einverstanden. Außerdem wurde sein Antrag auf Besuch der Mutter in Westberlin viermal abgelehnt. »Hiermit beantrage ich die Ausreise aus der DDR nach Westdeutschland. Die DDR ist ja ein Zuchthaus, darin kann ich nicht leben«, heißt es abschließend. Bei der Stasi hört er wieder die Stimme, die ihm eine Abkürzung, »ANLE« oder so ähnlich, zuflüstert. Das müsse der Deckname für Anna bei der Stasi sein. »ANLE« muss bedeuten, dass Anna umgebracht werden kann, reimt sich Lenz zusammen. Und dann flüstert die Stimme noch »Fäustel«. »Fäustel«, das kann doch nur heißen, dass er sie mit einem Hammer erschlagen soll.

Von der Stimme im Kopf sagt der Patient dem Arzt nichts. Auch nicht von den Medikamenten, die er versteckt, und von den Drohungen seiner Frau, dass etwas passiert, wenn er die Tropfen nicht nimmt, was ja nichts anderes bedeuten könne, als dass sie ihn umbringen will. »Wenn der Doktor den Blutdruck misst, wird er schon wissen, was mit mir los ist«, bildet sich Lenz ein. »Durch das Gerät weiß der genau, was mir fehlt.«

Nach eingehender Untersuchung in der Nervenklinik kommen die Gutachter zu der Feststellung, dass die Tat unmittelbar krankhaften Wahninhalten entsprang und nicht vorhersehbar war.

Die Staatsanwaltschaft Cottbus stellt das Verfahren gegen Georg Lenz wegen der Ermordung seiner Ehefrau aufgrund von Schuldunfähigkeit ein. Lenz wird auf unbefristete Zeit in eine Nervenklinik eingewiesen. Er stimmt der Entscheidung zu.

Georg Lenz hat seine im krankhaften Wahn begangene Tat aufrichtig bereut.

VERBOTENE LIEBE

»Treffer!« Jennifer, das vierzehnjährige Mädchen, jubelt. Sie hat nur zwei Schüsse gebraucht, damit das Tonröhrchen bis auf den letzten Splitter abgeputzt ist. Das ist ein gutes Ergebnis, schließlich werden diese weißen Dinger an den Schießbuden auf dem Rummel von Jahr zu Jahr länger.

»Prima, Jenni«, lobt der Mann, der neben ihr steht, die Kunstblumen einsammelt und jetzt noch einmal zwei Mark auf den Holztisch legt. Die Schießbudenbetreiberin drückt zehn neue Bleikugeln in das Magazin, schiebt es in die Waffe und gibt Jennifer das Luftgewehr zurück. Diesmal sind Pyramiden aus kleinen Metallbolzen das Ziel. Der Lohn für die Schießleistung des Mädchens ist eine Schachtel Zigaretten der Sorte »Milde Sorte«. Am Ende des Vergnügens ist die Packung zwar doppelt so teuer wie eine aus dem Laden, aber der Spaß der Schützin war dem Geldgeber den Einsatz wert. Der bewundert das Mädchen mit dem schwarzen Haar, das ihr bis zum Nacken reicht und die Ohren halb bedeckt. Obwohl sie erst im nächsten Frühjahr Jugendweihe hat, sind ihre weiblichen Rundungen schon beachtlich.

Jennifer und der deutlich ältere Mann neben ihr kennen sich gut. Norbert Glocke hat mal ein Vierteljahr bei ihnen zu Hause gewohnt als Freund ihrer Mutter. Sie und ihre beiden Geschwister Birgit und Torben haben sich auf Anhieb mit ihm verstanden, und auch zwischen Mutti und Norbert lief es zunächst gut. Sogar gemeinsam im Urlaub waren sie, sind im Zittauer Gebirge gewandert und hatten viel Spaß. Anfang des Jahres aber gab es einen heftigen Streit zwischen den Erwachsenen, und Norbert musste seine Sachen packen. Sieben Monate ist das jetzt her. Seitdem haben sich das Kind und der erwachsene Mann immer mal wieder getroffen, heimlich natürlich, weil Mutti ihr das verboten hat. Und Birgit, die kleine Schwester, hängt ständig an ihr und passt auf. Die würde es Mutti sofort petzen, wenn sie von den Treffen wüsste.

Zufällig ist das Zusammentreffen an diesem 29. September 1988 nicht. Norbert schaut sich zunächst am Gondelteich um, der erst vor ein paar Jahren am Rande der Neustadt von Hoyerswerda angelegt wurde. Er trifft ein paar Jugendliche, die dort herumlungern und rauchen. Jennifer ist nicht unter ihnen. »Die ist auf dem Rummel«, klären ihn die Altersgefährten auf. Norbert Glocke braust mit seinem zweisitzigen Moped hinüber zum Platz mit den Fahrgeschäften, Los- und Schießbuden.

Dämmerung löst langsam den schönen, sonnigen Herbstnachmittag ab. »Komm, lass uns jetzt die Luftpumpe holen«, fordert Norbert das Mädchen auf, nachdem die Magazine leergeschossen sind. Jennifer hat die Pumpe vor ein paar Tagen gefunden und in einem nahe gelegenen Wald versteckt. Warum sie das Ding beiseite geschafft hat, interessiert den Mann nicht. Auf jeden Fall ist es ein guter Grund, sich gemeinsam in die Büsche zu schlagen. Das ungleiche Pärchen versteht sich ohne viele Worte.

Das Waldstück zwischen Schwarzwassergraben und Schweißgraben unweit der »Sonntagsbrücke« liegt an der südlichen Peripherie der Stadt. Als sie von der Straße auf einen Feldweg einbiegen, wechseln die beiden die Positionen auf dem Moped. Jetzt darf das Mädchen fahren, obwohl es noch keinen Berechtigungsschein besitzt. Doch Polizei ist hier nicht zu erwarten. Norbert nimmt auf dem Sozius Platz. Es ist schön eng auf der Sitzbank. Er hält sich übertrieben gut fest, umklammert den Oberkörper der Fahrerin, spürt ihre jungen, runden Brüste. Jennifer lässt es geschehen.

Abseits des Weges im Wald sucht das ungleiche Paar – sie ist 14, er über 30 Jahre älter – mehr als die Luftpumpe. Ihre intime Nähe aber wird gestört durch Männer, die auf dem Weg zu einer Schafherde sind. Die Liebenden entdecken sie nicht, die aber fühlen sich bei ihrem verbotenen Akt empfindlich gestört. Vorbei ist es mit dem Schäferstündchen. Beide schlüpfen in ihre Kleider, setzen sich auf das Moped und fahren davon in Richtung Stadt.

Mehr als zwei Stunden sind vergangen, seit das Mädchen und der Mann den Rummel verlassen haben. Der Festplatz in Hoyerswerda ist inzwischen durch die bunten Lampen des Riesenrades, von Karussells, Autoscooter und Ständen des Vergnügungsparkes erhellt. Laute Musik im Durcheinander der unterschiedlichen Titel erfüllt die Luft.

»Habt ihr Jenni gesehen?«, schreit Norbert Glocke fragend in die Gruppe der Halbwüchsigen, zu der ansonsten auch Jennifer gehört. »Wir waren für 19 Uhr verabredet, doch ich kann sie nirgendwo finden.«

Schulterzucken ist die mehrheitliche Antwort. »Nö, bist doch vor zwei Stunden mit ihr weggefahren«, bequemt sich einer für einen Jungen in seinem Alter erstaunlich ausführlichen Aussage.

»Wir waren etwas holen. Danach habe ich sie am Kindergarten abgesetzt. Sie wollte nach Hause und dann dort wieder warten«, erklärt Glocke.

»Na, hatse sich eben anders überlegt.«

Er bleibt noch ein paar Minuten bei der »Clique vom Gondelteich«, wie die Ansammlung Halbwüchsiger von Anwohnern der nahe liegenden Neubaublöcke genannt wird, dann trollt sich der 46-jährige, bereits verbraucht und verhärmt wirkende Mann nach Hause in die Wohnung seiner Mutter, in der er seit dem Rausschmiss wieder lebt.

Jennifer taucht weder an diesem Abend noch in den nächsten Tagen wieder auf.

Nach der Vermisstenmeldung durch Jennifers Mutter, Christina Schnur, gerät Norbert Glocke unter schweren Verdacht. Der Geliebte von Christina und väterliche Freund der Kinder hatte sich auffällig schnell und intensiv um eine besonders enge Beziehung zu Jennifer bemüht. In dem Maße, wie er mit dem Mädchen immer öfter gemeinsame Freizeit verbrachte, kühlte das Verhältnis des Mannes zur ursprünglichen Freundin ab. Die fühlte sich nicht nur zunehmend ausgebootet, sondern befürchtete aufkommende intime Gedanken im Kopf des Mannes, den sie erst seit drei Monaten kannte und von dem sie noch nicht viel wusste. Anfang des Jahres hatte sie ihn deshalb mit Sack und Pack vor die Türe gesetzt.

Norbert Glocke bestreitet bei seiner ersten Befragung im Zuge der Fahndung nach dem vermissten Mädchen auch gar nicht die weiter bestehenden Kontakte zu Jennifer.

»Wir haben uns vor dem Haus getroffen und auch am Gondelteich. Dort war Jennifer immer mit ihrer Clique und hat mit den Jungs geraucht.«

Am 29. September sei er mit Jennifer auf dem Moped weggefahren, um die Luftpumpe zu holen, die sie für ihn in einem Waldstück am Stadtrand versteckt hat. »Die haben wir genommen und sind wieder zurückgefahren. Ich habe Jennifer in der Nähe ihrer Wohnung abgesetzt, damit uns ihre Schwester Birgit nicht sieht. Die hätte das doch sofort ihrer Mutter erzählt«, gibt sich Glocke gelassen.

Die Polizei muss den Verdächtigen nach der Zeugenvernehmung laufen lassen. Nur auf den bloßen Verdacht hin, dass er etwas mit dem Verschwinden des Mädchens zu tun haben könnte, braucht der Staatsanwalt gar nicht erst beim Richter mit einem Antrag auf Haftbefehl aufzutauchen.

Die Zweifel bei der örtlichen Kripo sind groß. Denn Glocke ist alles andere als der liebevolle Kinderfreund, sondern ein Mann, der gegenüber Schwächeren im Jähzorn keine Grenzen kennt. Drei Jungs hat er in seiner ersten Ehe in die Welt gesetzt, alle drei hat er brutal misshandelt. Im September 1976 müssen sein Söhne Eric und Björn Schläge mit der Hand und einem Straßenschuh ertragen, die bei ihnen zu schweren Gesichtsverletzungen führen. Das Kreisgericht Bautzen belässt es bei einer Strafe von zehn Monaten. Ins Gefängnis muss der rabiate Vater nicht. Die Richter setzen den Strafvollzug zur Bewährung aus. Für Tobias, den Jüngsten, hat die Milde eine halbes Jahr später dramatische Folgen. Vom Quengeln des Jungen genervt, packt er den Kleinen eines Tages an den Füßen, hebt ihn mit dem Kopf nach unten aus dem Laufgitter und schlägt den Kopf des Kindes mehrfach gegen den Kachelofen. Das Leben von Tobias können die Ärzte retten, das Kind aber nicht vor den schweren Folgewirkungen bewahren. Sein Leben lang ist der Junge behindert und auf fremde Hilfe angewiesen. Dafür wird Norbert Glocke zu vier Jahren Haft verurteilt.

Schon nach zwei Jahren ist er wieder auf freiem Fuß. Der Staatsrat hatte sich aus Anlass des 30. Jahrestages der DDR gnädig gezeigt und eine Amnestie für eine Vielzahl von Straftätern erlassen.

Sieben Tage nach dem Verschwinden von Jennifer, am 6. Oktober 1988, wird Norbert Glocke festgenommen. Im Zuge der Ermittlungen erinnert sich ein Polizist im Polizeikreisamt an eine Anzeige, die gut zehn Monate zurückliegt. Sie stammt von Jennifers Vater, Christian Schnur. Der will seine Tochter Jennifer und Norbert Glocke daheim auf der Wohnzimmercouch beim Geschlechtsverkehr überrascht haben. Glocke habe das nicht bestritten, sondern etwas von Liebe zu Jennifer, dem damals 13 Jahre alten Mädchen, gefaselt, empört sich der Vater.

Teilchen um Teilchen fügt sich ein Puzzle zu einem makaberen Bild zusammen. Es beginnt mit einer Annonce in der regionalen Tageszeitung:

»Frau, 36, gesch., gut auss., wünscht nach schw. Enttäusch. aufr. Partner für sich und ihre drei Kinder. Nur ernst gem. Zuschriften unter …«

Ganze drei Briefe hält Christina Schnur ein paar Tage nach Erscheinen der Anzeige beim Abholen der Post in der Dewag-Zweigstelle in den Händen. Die Auswahl ist bescheiden. Sie versucht mit einem Norbert ihr Glück.

Ein Adonis ist er nicht gerade, wie sie schon auf dem beiliegenden Foto erkennt. Die Stirn wächst rechts und links bereits weit in das wellige, schwarze Haar hinein, das auf einer Seite leicht gescheitelt ist. Die breiten Koteletten reichen bis zum Kinnansatz. Die dunklen Augen sagen wenig aus, die Mundwinkel sind leicht nach unten gezogen. Der Mann wirkt mürrisch. Und 46 ist er auch schon. Er ist nicht gerade das, was sich die nun bereits zwei Mal geschiedene Christina erhofft hat. »Ich muss ihn ja nicht gleich heiraten«, sagt sich die Frau nach dem ersten Treffen. Wenigstens steht er auf eigenen Füßen, arbeitet in einem Baukombinat der Stadt.

Nach wenigen Wochen lässt sie ihn bei sich einziehen, auch wenn es nun noch enger wird in der kleinen Plattenbauwohnung in einem der anonymen Hochhäuser des Wohnkomplexes. Schließlich wohnt ja auch Ex-Ehemann Christian noch bei ihr. Weil der ein eigenes Zimmer beansprucht, schlafen Jennifer und der neun Jahre alte Sohn Torben gemeinsam mit der Mutter und ihrem neuen Freund zu viert im Doppelbett des einstigen elterlichen Schlafzimmers. Sie rücken ganz eng zusammen. Christina ist froh, dass sie wieder einen Mann an ihrer Seite spürt. Außerdem klappt es auch mit den Kindern gut. Es stört sie nicht, dass Norbert ab und an seine Ex-Frau besucht, die mit den Söhnen in Bautzen wohnt. Norbert hat ihr von seiner Zeit im Gefängnis erzählt und dass es ihm sehr leid tut, diese schlimme Sache mit Tobias.

Der Urlaub, den die neue Familie im Zittauer Gebirge verbringt, ist schön. Norbert gibt sich viel mit den Kindern ab, besonders mit Jennifer. Die beiden albern herum und verstehen sich ganz offensichtlich super. Doch da macht sich auch Argwohn bei Christina breit. Jennifer ist mit ihren 13 Jahren schon eine richtige kleine Dame. Aus dem ersten BH, den sie gekauft hat, ist ihre Große schon längst herausgewachsen. Auch die erste Regel ist Geschichte. »Spinn nicht rum. Jenni ist schließlich noch ein Kind«, schilt sie sich wegen ihrer aufkeimenden Eifersucht.

Die innere Unruhe, die Christina schon während der gemeinsamen Ferien erfasst hat, lässt sich daheim erst recht nicht einfach wegschieben. »Norbert gibt sich schon mehr mit Jennifer ab als mit mir«, hat sie im Gefühl. Argwöhnisch beobachtet sie die vielen Touren, die die beiden mit dem Moped unternehmen. Die Mutter glaubt zu spüren, dass sich Verbotenes und Gefährliches zwischen Norbert und ihrem Mädchen anbahnt. Oder bildet sie sich das nur ein, weil sie sich als Frau zurückgesetzt fühlt, zu wenig von Norbert beachtet wird? Beweise hat sie nicht, selbst wenn ihr die Nähe nicht gefällt. »Besser, Jenni unternimmt mit Norbert etwas, als nur mit den Jungs am Gondelteich rumzuhängen«, beruhigt sie sich.

Es bleibt ihr verborgen, was sich anbahnt, wenn sie auf Arbeit ist, frühmorgens oder auch nachts, wenn sie auf Schicht ist. Sie kann nichts wissen von den tastenden Händen des Mannes an die bedeckte Brust des Mädchens. Hände, die mutiger werden, weil Jennifer stillhält. Die hinuntergleiten zwischen die Schenkel, die unter das Nachthemd fahren und die jungen, nackten und festen Brüste genießen. Sie erfährt nichts von den Fingern, die vom Nabel aus Zentimeter für Zentimeter hinabgleiten unter den Gummi des Schlüpfers, und dass ihre Jenni sich nicht dagegen wehrt, dass sie Spaß empfindet und neugierig ist auf das, was passieren könnte. Und was wirklich passiert. Einmal, zweimal, mehrmals in den Tagen und Wochen, in ihrem Bett und auf dem Sofa. Bis Christian, ihr Ex-Mann, seine Tochter Jennifer und den so viel älteren Mann auf der Couch erwischt und ihr davon erzählt. Jetzt weiß sie, was es zu bedeuten hatte, wenn Jennifer bei Norbert mal nicht ihren Willen durchsetzen konnte und ihm im Streit gedroht hat: »Ich werde sonst meiner Mutter was erzählen …« Und worüber sie dann doch nie gesprochen hat.

Christina Schnur setzt den Mann vor die Tür. Sie verbietet ihm jeden weiteren Kontakt mit Jennifer und droht der Tochter Konsequenzen an, wenn sie sich weiter mit dem »Herrn Glocke« trifft.

Selbst wenn sie die beiden nie mehr zusammen gesehen hat, bleibt ihr nicht verborgen, dass sich das Mädchen und Norbert Glocke weiter treffen: vor dem Haus und am Gondelteich. Ihre Kleine, die Birgit, hat es ihr erzählt. Christina Schnur nimmt sich Jennifer vor, glaubt ihr die Ausreden nicht, dass sie sich nur mit »Kumpels« trifft, und belässt es am Ende doch bei der Warnung: »Du bekommst nichts zur Jugendweihe, wenn das mit Glocke, dem Schwein, weitergeht.«

Norbert Glocke gibt nach der Verhaftung bei der Polizei ohne Umschweife zu, dass er und Jennifer ein intimes Verhältnis haben. Von schlechtem Gewissen wird er nicht geplagt. »Ich liebe Jennifer, und sie liebt mich«, sagt er. »Sie hat sich gegen den Geschlechtsverkehr nie gewehrt. Im Gegenteil, sie wollte ihn auch, hatte Spaß daran. Das hat sie mir gesagt.«

Glocke bestreitet auch nicht, dass er am Tag des Verschwindens mit seiner »Freundin«, wie er sagt, zusammen war. Dass sie zum Wäldchen an der »Sonntagsbrücke«, wie er den Ort nennt, gefahren sind. »Wir haben die Luftpumpe geholt, uns ins Gras gesetzt, Tonbandmusik von meinem Kassettenradio gehört und geraucht. Dann hatten wir Geschlechtsverkehr. Danach sind wir zurückgefahren, und ich habe sie in der Nähe des Kindergartens abgesetzt, damit uns keines von ihren Geschwistern sieht. Um 19 Uhr wollten wir uns wieder treffen und zum Rummel gehen. Ich habe gewartet, sie kam aber nicht. Seit dieser Zeit habe ich sie nicht mehr gesehen.«

So oft die Kriminalisten auch fragen, Norbert Glocke bleibt bei dieser Aussage. Bereitwillig zeigt er sogar die Stelle, wo sie im Gras gelegen und ihre sexuellen Begierden befriedigt haben.

Selbst wenn die Polizei auch nach der Verhaftung von Glocke wegen des Verdachts des sexuellen Missbrauchs bei der Fahndung der noch immer vermissten Jennifer »weiter in alle Richtungen ermittelt«, wie es auch zu DDR-Zeiten in Amtsdeutsch heißt, gibt es für die Ermittler kaum einen Zweifel, dass Glocke etwas damit zu tun haben muss. Dafür sprechen der gesunde Menschenverstand und die inzwischen ermittelten Indizien. Mehrmals war Glocke in den folgenden Tagen nach dem 29. September überraschend und völlig entgegen sonstiger Gewohnheiten bei der Ex-Frau in

Bautzen aufgetaucht. Er hatte im Zuge der Suche nach Jennifer gegenüber der Bautzener Polizei ein Zusammensein mit ihr am fraglichen Nachmittag bestritten. Am 3. Oktober unternahm er in Bautzen mit Alkohol und Tabletten einen Selbstmordversuch, ohne dass daraus unmittelbare Lebensgefahr entstand. Nach einer Nacht im Krankenhaus konnte er entlassen werden. Einerseits wirkte er nach Angaben seiner einstigen Ehefrau, die sich nach der brutalen Misshandlung des jüngsten Sohnes von ihm getrennt hatte, in den letzten Tagen nervös und niedergeschlagen, andererseits lebte der mit 780 Mark Monatslohn nicht gerade üppig bezahlte Bauarbeiter plötzlich auf großem Fuß, als wolle er das Leben in Freiheit noch einmal richtig genießen. Dazu hatte er sich mit ungedeckten Schecks über sein Konto großzügig bei der Sparkasse bedient und sich 6000 Mark in die Tasche gesteckt.

Die Kripo steht vor einem Rätsel. Jennifer bleibt verschwunden. Wo immer die Polizei bisher mit großem Aufwand gesucht hat, nirgendwo gibt es eine Spur von der Vermissten. Am 15. Oktober wendet sich die Polizei mit einer öffentlichen Fahndung über die Zeitung an die Bevölkerung und bittet um Mithilfe bei der Suche nach der Vermissten.

Was die Polizei trotz tagelanger, aufwändiger Einsätze nicht schafft, gelingt einem Jugendlichen und seinem Schäferhund drei Tage nach dem Erscheinen der Zeitungsnotiz. Es ist eine menschenleere Gegend im Gebiet der Jenschwitzbrücke, in der der Vierbeiner Rex freien Auslauf genießen kann. Der nutzt ihn weidlich und schnüffelt, die Nase tief am Boden, rennt einer piepsenden Maus hinterher, stöbert Wildenten auf und lässt kaum einen Strauch unbeachtet. Er genießt das Hundeleben in dieser aufregenden Gegend mit der einstigen Müllkippe, in der das Hoyerswerdaer

Schwarzwasser über einen künstlich angelegten Graben am Knappensee vorbei in die Wudra, einen begradigten Arm der Schwarzen Elster, fließt. An einer kleinen Schneise, die durch Gestrüpp von Spaziergängern kaum einzusehen ist, verharrt Rex, wedelt aufgeregt mit dem Schwanz und bellt lautstark sein Herrchen herbei. Von Zweigen lose bedeckt liegt am Rande der Schneise in einer bunkerähnlichen Vertiefung eine bereits stark verweste Leiche. Es sind die sterblichen Überreste von Jennifer Schnur.

Anhand der Körpergröße, der Haarfarbe, der Bekleidung und vor allem am Zahnstatus wird sie eindeutig identifiziert. In der linken Brustseite wird bei der Obduktion eine tiefe Stichwunde festgestellt. Der Stichkanal verläuft zwischen der zweiten und dritten Rippe. Das Messer hat die Vorder- und Rückwand der Lungenhauptschlagader durchstoßen und die Luftröhre am Übergang in beide Hauptbronchien verletzt. Als Todesursache stellen die Gerichtsmediziner starke innere Blutungen und Ersticken durch eingeatmetes Blut fest. Am Körper gibt es keinerlei Spuren, die auf einen Kampf hindeuten. Im Scheidenabstrich des Opfers werden Spermien festgestellt. Kurz vor der Tat muss Jennifer intimen Kontakt mit einem Mann gehabt haben. Allerdings können anhand des Spermasekrets die Blutgruppeneigenschaften des Verursachers nicht mehr festgestellt werden. Die Zersetzungsprozesse sind bereits zu weit fortgeschritten.

Nach dem Fund der Leiche und der Feststellung des Spermas im Scheidenabstrich gibt es kaum noch Zweifel, dass Norbert Glocke bislang und wenn überhaupt nur die halbe Wahrheit gesagt hat.

Glocke wird am 20. Oktober unmittelbar nach dem Abendbrot kurz nach 18 Uhr aus der Untersuchungshaftanstalt in Cottbus zur Vernehmung bei der MUK abgeholt. Er ahnt nichts Gutes und zittert am ganzen Körper, so dass die Bewacher Mühe haben beim Aufsperren der Handschellen. Das Zucken der Mundwinkel verstärkt den Eindruck höchster Nervosität. Völlig verspannt hat er auf der äußersten Kante des Stuhls Platz genommen, drückt mit Händen und Armen auf die Beine, die einfach nicht zur Ruhe kommen wollen. Wenn er den Kopf hebt, sind Tränen in den Augen zu sehen. Er hebt ihn aber kaum, sondern blickt nahezu ununterbrochen auf den Fußboden.

»Was ist denn mit Ihnen los, Herr Glocke?« Die Vernehmer der MUK versuchen, Glocke aus der Verkrampfung zu holen. Es gelingt nicht. Im Gegenteil, das Zittern wird noch stärker. »Warum sind Sie in Untersuchungshaft?«

Es dauert lange, bis sich der Beschuldigte äußert. »Ich habe mit der Jennifer Schnur, 14 Jahre alt, Geschlechtsverkehr durchgeführt. Das tat ich auch, als sie erst 13 Jahre alt war. Dafür wurde ich eingesperrt.« Minuten braucht Glocke, bis die beiden Sätze herausgestammelt sind.

»Wann hatten Sie letztmalig mit Jennifer Geschlechtsverkehr?«

Glocke bleibt bei seinen bisherigen Aussagen. Sie hätten an der »Sonntagsbrücke« miteinander geschlafen, dann habe er seine kleine Freundin nach Hoyerswerda zurückgebracht.

»Wollen Sie lieber schreiben?«

Kopfnicken. Die Vernehmer schieben ihm ein leeres Blatt Papier über den Tisch und legen einen Kugelschreiber daneben. Glocke stiert auf das Papier, setzt zum Schreiben an und schüttelt den Kopf. Mehrmals in der nächsten Stunde wiederholt sich das. Ein einziges Mal schreibt er zwei Worte: »Ich bereue.«

Zwei Stunden nach Beginn der Vernehmung, die überwiegend aus Schweigen besteht, kann sich Glocke nicht mehr beherrschen. Zehn Minuten lang weint er hemmungslos. Er wird von Krämpfen geschüttelt, liegt mit verschränkten Armen und dem Kopf darauf halb auf der Tischplatte. Schließlich nimmt er den Kugelschreiber erneut zur Hand, setzt die Mine aufs Papier und – schreibt nichts. Mehrfach sitzen sich die Kriminalisten und Glocke während des zwölf Stunden andauernden Verhörs bis zu einer Stunde gegenüber, ohne dass der Beschuldigte auch nur ein Wort spricht. Er wirkt abwesend. Dann verändert sich für Minuten sein Verhalten. Er ist zugänglich, beantwortet Fragen mit mehr als nur »Ja« oder »Nein«, allerdings nur solche, die mit der unmittelbaren Tat nichts zu tun haben.

Dass die Leiche inzwischen gefunden ist und sie sicher sind, dass Jennifer Schnur ermordet wurde, verraten die Kriminalisten nicht. Sie legen ihm einen Zettel vor. »Jennifer ist tot.« / »Jennifer lebt.« Mehr steht nicht darauf. Er soll die richtige Antwort ankreuzen. Es vergehen Stunden. Ein Kreuz kommt nicht darauf. Wieder wird dem Beschuldigten ein Papier vorgelegt. Das Blatt ist leer. Glocke nimmt sich den Kugelschreiber und reiht Kreuz an Kreuz.

Die erfahrenen Vernehmer fragen nicht, ob Glocke das Mädchen getötet hat. Ob sie ermordet wurde. Ob er der Täter ist. Ob er den Mörder kennt. Sie lassen das Wissen um das Schicksal des Mädchens offen. Sie fragen stattdessen: »Tut es Ihnen leid, was Sie mit Jennifer gemacht haben?«

Kopfnicken.

»Bereuen Sie alles?«

Kopfnicken.

»Dann sprechen Sie doch oder schreiben Sie auf, was Sie getan haben.«

Kopfschütteln. »Wollen Sie sprechen?«

Kopfnicken. Schweigen.

Über zwölf Stunden geht das so. Dem Beschuldigten werden belegte Brötchen und Getränke angeboten. Von den Brötchen bringt er keinen Bissen herunter. Nur Getränke nimmt er zu sich. Morgens um sieben Uhr darf er sich in der Zelle in der Polizeibehörde ausruhen.

Zwei Etagen höher beraten die Ermittler im Zimmer des Chefs der MUK über das weitere Vorgehen. Man mag die Aussagen des Beschuldigten als indirektes Geständnis betrachten. Juristisch verwertbar sind sie nicht, darin sind sich alle einig. Es tue ihm leid, dass er mit Jennifer Geschlechtsverkehr hatte. Er bereue das intime Verhältnis. Jeder einigermaßen gewiefte Verteidiger würde Glockes Aussagen so und nicht anders interpretieren. Vielleicht, könnte ein anderer Vernehmer, den Glocke nicht kennt, einen neuen Impuls geben?

Horst Helbig, der bei der Bezirksstaatsanwaltschaft Cottbus im Ressort »Leben und Tod« für die Aufklärung von Kapitalverbrechen zuständig ist, übernimmt diese Rolle. Eine Stunde nach dem nächtlichen Verhör beginnt eine erneute Befragung.

»Wissen Sie, um was es bei den bisherigen Vernehmungen ging?«, fragt Helbig.

»Ja, es geht um Jennifer Schnur.«

»Was soll denn mit Jennifer sein?«

Glocke schweigt. Er wirkt nach dem nächtlichen Verhörmarathon abgespannt und müde.

»Soll die Vernehmung jetzt abgebrochen werden, damit Sie sich ausruhen können?«, will Helbig wissen.

»Nein, ich kann ihr durchaus folgen. Ich würde jetzt aber gern eine Zigarette rauchen und auch eine Tasse Bohnenkaffee trinken.«

»Schämen Sie sich, auszusprechen, wonach Sie gefragt werden?«, setzt der Staatsanwalt erneut an.

Glocke nickt.

»Wollen Sie es lieber aufschreiben?«

Die gleiche Kopfbewegung, das gleiche Prozedere. Der Beschuldigte greift zum Kugelschreiber, setzt zum Schreiben an und zögert. Er kämpft wieder eine gefühlte Ewigkeit mit sich.

»Herr Glocke, die Probleme, die Sie belasten, können Sie mit Ihrem bisherigen Verhalten nicht lösen.« Mehr als einmal in den zurückliegenden Stunden hat der Beschuldigte diesen Satz oder ähnliche Mahnungen gehört. »Sehen Sie, wenn Jennifer jetzt im Himmel sein sollte, blickt ihre Freundin auf Sie herab und würde sich sicher sehr darüber wundern, wie Sie sich verhalten«, versucht der Staatsanwalt, die innere Barriere des Beschuldigten einzureißen.

Es gelingt. Der einfach denkende Mann rafft sich auf. Er beginnt sein Geständnis mit den Sätzen: »Ich habe Jennifer getötet. Ich bereue.«

Norbert und Jennifer fahren am 29. September nach dem missglückten Schäferstündchen an der sogenannten »Sonntagsbrücke« Richtung Stadt. Sie fahren aber nicht hinein in die anonymen Plattenbauten unweit des Zentrums der Neustadt mit dem Haus der Berg- und Energiearbeiter, dem Warenhaus und der Einkaufspassage, sondern biegen am »Katholischen Berg«, einer kleinen Erhebung, ab, die unweit des Gotteshauses die platte Lausitzer Heidelandschaft durchbricht. Sie kennen lauschige Plätzchen in dieser nahe an der 70 000-Einwohner-Stadt liegenden, aber dennoch abgeschiedenen Gegend. Zum Beispiel die kleine, inselartige Schneise unweit der Jenschwitzbrücke am Zusammenfluss von Schwarzwasser und Wudra. Das Moped stellen sie am Pumpenhäuschen ab, dann verschwinden sie zwischen jungen Bäumen und Büschen im schummrigen Licht der langsam hereinbrechenden Dunkelheit. Das junge Mädchen und der Mann leben ihre verbotene Liebe bis zum Höhepunkt aus. Das hohe Gras verbirgt ihre nackten Körper. Zufrieden und ohne Gewissensbisse rauchen sie jeder eine Zigarette aus der Schachtel der Marke »Milde Sorte«, die Jennifer auf dem Rummel als Preis für ihre Schießleistungen mit dem Luftgewehr erhalten hatte.

Jennifer liegt, inzwischen angezogen, auf dem Rücken, Glocke kniet neben ihr. »Norbert, das war das letzte Mal. Birgit hat gepetzt, dass wir andauernd zusammen sind. Mutti hat mir gedroht, dass ich keine Geschenke zur Jugendweihe kriege, wenn wir uns weiter treffen. Ich will aber Geschenke.«

Glocke ist entsetzt. Er greift rechts an den Gürtel und zieht das Fahrtenmesser aus der Lederhülle. Vor Wochen hat er sich das Messer mit der feststehenden Klinge zugelegt, weil er es beim Angeln zum Töten der Fische benötigt. Nun drückt Glocke dem Mädchen, das er angeblich liebt, die Messerspitze auf den Körper knapp neben die Brust. Die Eifersucht brodelt in ihm.

»Lüg mich nicht an. Es ist doch nicht wegen der Jugendweihe. Du treibst es lieber mit anderen, die jünger sind als ich. Du hast ja auch schon mit anderen gefickt.« Glocke nennt Namen von Jungs aus der Clique am Gondelteich und glaubt, bei Jennifer jedes Mal ein Nicken zu sehen. Er drückt mit dem Messer fester zu.

»Das machst du ja doch nicht. Dafür hast du mich viel zu sehr lieb«, sagt das Mädchen fernab jeder Angst. Dabei müsste sie es besser wissen. Sie hat Tobias bei einem Besuch mit Norbert in Bautzen gesehen, das Kind, das Norbert mit dem Kopf gegen den Kachelofen geschleudert hatte und das nun nicht richtig sprechen, nicht allein essen, nicht laufen kann. »Du hast doch Tobias schon auf dem Gewissen.«

Das ist für den Mann zu viel. »Dafür habe ich im Gefängnis gebüßt. Das lasse ich mir nicht gefallen«, keucht er und stößt das Fahrtenmesser bis zum Anschlag in die Brust des Kindes.

Jennifer bleibt regungslos am Boden liegen. Der Mörder packt sein Opfer an den Beinen und schleift es an den Rand der Schneise. Er sammelt Gestrüpp zusammen, reißt Gras und Kräuter aus und schmeißt alles auf den leblosen Körper. Er rennt zum Moped am Pumpenhäuschen und verlässt voller Panik den Tatort.

An den Weg, den er bis zum Rummelplatz gefahren ist, kann sich Glocke nicht mehr erinnern. Auch nicht daran, wo die Tatwaffe geblieben ist. Das Messer wird nie gefunden.

Einen Sohn zum Krüppel geschlagen, nun ein Mädchen sexuell missbraucht und ermordet – was ist das für ein Mann? Wieso kann jemand, der so viel älter ist als die »Freundin«, derart eifersüchtig sein, dass er deshalb ihr Leben auslöscht? Ist das Ausdruck sexueller Zügellosigkeit oder entspricht sein geistiges und intellektuelles Niveau dem eines Kindes oder Heranwachsenden, wenn er in der Freizeit mit dem Moped durch die Gegend kutschiert, mit Jugendlichen am Gondelteich oder anderswo herumlungert und sich mit ihnen auf Rummelplätzen herumtreibt?

Über das Leben von Norbert Glocke ist nicht viel zu erfahren. Wer immer auch etwas darüber wissen will, um sein Handeln erklären und bewerten zu können, bekommt nur ein paar Brocken vorgeworfen und erntet ansonsten Schweigen. Glocke wird 1942 in Ostpreußen geboren. Zu Hause sind sie sechs Kinder. Über Mutter und Vater weiß er kaum etwas, von der Kindheit ist in seinem Gedächtnis wenig haften geblieben. Der Krieg verschlägt die Familie nach Mecklenburg-Vorpommern. Norbert geht neun Jahre zur

Schule, erreicht aber nur den Abschluss der siebten Klasse. Der Umzug der gesamten Familie in die Lausitz reißt den Heranwachsenden aus seinem bescheidenen sozialen Gefüge und wirft ihn aus der Bahn. Die Maurerlehre stellt offensichtlich zu hohe Ansprüche. Er vollendet sie nicht und jobbt fortan als Hilfsarbeiter in Baubetrieben. Was der junge Mann kann und weiß, ist gering und resultiert aus vertrauten und täglich geübten Handlungen. Erfahrungen zu verarbeiten und daraus Schlüsse zu ziehen oder sich etwas vorzustellen, das überfordert ihn von Kindheit an. Die erste richtige Freundin wird für den inzwischen 21-Jährigen zur Ehefrau. Die Ehe hält wegen der Gewalttaten gegen seine drei Söhne nur vier Jahre.

Die Zeit im Gefängnis hat seine ohnehin mangelhafte Kontaktfähigkeit weiter eingeschränkt. Nach der Entlassung lebt der Mann im bereits gestandenen Alter zehn Jahre bei seiner Mutter im Haushalt. Beziehungen zum anderen Geschlecht gibt es nicht. Glockes wichtigste Lektüre sind Kontaktanzeigen in der Zeitung. Seine durchaus ernstgemeinten Zuschriften finden kein Echo bei einsamen Frauen, bis es Christina Schnur, Jennifers Mutter, mit ihm versucht. Die Hinwendung zu der 13-jährigen Tochter beschreibt er mit dürftigen Worten. »Wir haben zu viert auf einer Doppelbettcouch geschlafen, und wenn wir allein waren, haben wir uns gestreichelt, ich die Jennifer, und die Jennifer mich. Sie hat mich dann auch unten angefasst.«

Aufgrund einer krankhaft begründeten und mit Hilfe der inzwischen entwickelten Computertomografie nicht nur angenommenen, sondern zweifelsfrei festgestellten Hirnschädigung ist die allgemeine geistige Leistungsfähigkeit bei Glocke stark eingeschränkt und seine Persönlichkeitsstruktur kaum entwickelt, stellen zwei psychiatrische Sachverständige in einem Zeitraum von zehn Jahren unabhängig voneinander fest. Was unter einfachen, klar strukturierten Lebensbedingungen funktioniert, stellt ihn bei wachsenden Anforderungen vor Rätsel. Dann zieht er sich zurück und lässt andere für sich entscheiden. Es ist die Folge seines angeborenen leichten Schwachsinns. Trotzdem hätte er wissen müssen, dass es verboten ist, mit einer Minderjährigen sexuelle Beziehungen einzugehen. Glaubt man Glocke, dann war die biologisch voll entwickelte Jennifer bereits zu jener Zeit defloriert. Zeugenaussagen im Ermittlungsverfahren bestärken die Richtigkeit der Annahme. Es war offensichtlich das Mädchen, das den aktiveren Part spielte. Daraus leitet das Gutachten die Feststellung ab, dass es selbst einem geistig gesunden Mann mit primitiveren Charaktereigenschaften möglicherweise äußerst schwer gefallen wäre, der Versuchung zu widerstehen, die sich aus der drängenden sexuellen Neugier des Mädchens ergab. Es ist die These eines renommierten und erfahrenen Psychiaters, die durchaus diskussionswürdig, aber keinesfalls aus der Luft gegriffen ist.

Eine verminderte Schuldfähigkeit stellt das von der Staatsanwaltschaft in Auftrag gegebene psychiatrisch-forensische Gutachten nicht nur für den sexuellen Missbrauch der damals 13-jährigen Jennifer fest, sondern auch für den Mord. Ein in sich gekehrter, von Schwachsinn heimgesuchter Mensch laufe immer Gefahr, seinem ihn unverhofft zugefallenen und deshalb besonders geliebten »Besitz« mit Eifersucht zu bewahren und seine Liebe nicht abzutreten, sondern sie mit allen Mitteln für sich zu beanspruchen, heißt es in dem Arztbericht.

Diese Ansicht des Sachverständigen sorgt für Unruhe unter den Zuhörern im Gerichtssaal bei der zweitägigen Verhandlung des 1. Strafsenats des Bezirksgerichtes Cottbus im März 1989. Das Missfallen schlägt in Empörung um, als

Jennifers Vater als Zeuge vor Gericht erscheint und von seiner Anzeige im Januar 1988 bei der Polizei gegen Norbert Glocke berichtet, den er beim Geschlechtsverkehr mit seiner Tochter überrascht hatte.

»Ich bin nie von der Polizei dazu vernommen worden, habe auch keine Vorladung erhalten«, sagt er. Dass Gericht macht später kein Hehl aus seiner Auffassung, dass bei einer gewissenhaften Prüfung der Anzeige Jennifer wahrscheinlich noch leben würde. Anhaltspunkte für eine strafbare sexuelle Beziehung hätte es bei Recherchen zuhauf gegeben, denn das offensichtliche Liebesverhältnis von Norbert Glocke zu dem Mädchen war längst Thema im Buschfunk des Wohngebietes.

Das Gericht verurteilt Norbert Glocke wegen Mordes, mehrfachen sexuellen Missbrauchs eines Kindes und Nötigung sowie wegen mehrfachen Scheckbetruges zu einer Freiheitsstrafe von dreizehn Jahren. Wegen verminderter Schuldfähigkeit sehen die Richter von der Verhängung der lebenslangen Höchststrafe ab. Für eine besondere Milderung bis zur Mindeststrafe von zehn Jahren für einen vollendeten Mord sehen sie keinen Grund.

Anfang 1992 erkrankt Norbert Glocke an Krebs. Wegen akuter Todesgefahr wird die Vollstreckung der Strafe ausgesetzt. Im Juli des gleichen Jahres erliegt Glocke seiner schweren Krankheit.

DER KARTEIKARTENMORD

Der junge Mann, knapp 17 Jahre alt, liegt an einem Novemberabend des Jahres 1980 in seinem Bett und hängt Fantasien nach. Er stellt sich ein Mädchen an seiner Seite vor, genießt, wie es sich an ihn kuschelt. Es ist nackt, so wie er. Er sieht die schönen, langen Haare, die von tiefschwarzer Farbe sind und die nackten Schultern umhüllen. Das gefällt ihm. Das Mädchen, es ist so alt wie er, fühlt sich gut an, es ist nicht zu dünn, aber auch nicht zu dick. Gut proportioniert eben. Die Brüste sind wie bei einer Frau ausgeprägt und haben eine schöne, feste Form. Es entspricht seinem Idealbild von einer Freundin. Die sexuelle Erregung des Jungen steigert sich. Sein Penis ist hart. Das Ziehen in der Lendengegend wird stärker, er kann nicht mehr an sich halten. Als sich der Samen ergießt, erwacht der junge Mann aus seinen Träumereien. Kein Mädchen liegt bei ihm im Bett, sondern nur das bunte Pornoheft.

Pornografie ist in der DDR zwar tabu, und an den Kiosken wird allenfalls das »Magazin« mit »Blümchensex« im Innenteil verkauft, wenn man zu den »Bück-dich-Waren-Kunden« gehört, doch gerade im Großraum von Berlin sind auch »härtere Sachen« unter der Hand zu haben.

Nach der sexuellen Selbstbefriedigung kommt die Enttäuschung. Noch nie hat er ein Mädchen nackt gesehen, es geküsst, ja nicht einmal berührt. Er ist neidisch auf Jungen seines Alters, die eine Freundin haben und von ihren Erlebnissen erzählen. Er weiß nicht einmal, wie er ein Mädchen ansprechen soll, das ihm gefällt. Mit seinen einen Meter siebzig Körpergröße und den knapp 70 Kilogramm Gewicht ist er kein Mädchenidol, sondern wirkt eher pummelig. Er ist schüchtern und fühlt sich vom anderen Geschlecht nicht beachtet. »Das muss sich ändern«, beschließt er an diesem Abend. »Ich muss ein Mädchen ansprechen, und ich will endlich einmal richtigen Geschlechtsverkehr haben.« Fest entschlossen, es diesmal nicht beim Vorsatz zu belassen, schläft der Jüngling zufrieden ein.

Am Abend des nächsten Tages. Der junge Mann hat vor sich weiße, linierte und noch unbeschriebene Karteikarten im DIN-A 5-Format ausgebreitet. Gewissenhaft klebt er auf die erste Karte das Passbild eines Mädchens. Es hat glatte, dunkle Haare, die bis zu den Schultern reichen. Der Pony fällt tief in die Stirn bis an die Augenbrauen heran. Die Augen blicken neugierig in die Welt. Die Mundwinkel sind zu einem leichten Lächeln nach oben gezogen. Die langärmlige Bluse ist am Hals bis zum zweiten Knopf geöffnet. Über der Bluse trägt sie einen Westover. Schick sieht das Mädchen aus. Die Kleidung ist viel schöner als jene, die er immer tragen muss. In Druckbuchstaben schreibt er den Namen des Mädchens neben das Foto, das Geburtsdatum sowie die Namen der Eltern und deren Berufe. Auf den nächsten Karteikarten hält er in akkurater Schrift die Ereignisse des Tages fest, wie er umgesetzt hat, was er sich am Vorabend daheim im Bett geschworen hatte. Wie es zum Kontakt mit dem Mädchen kam, wie es nackt vor ihm stand, wie er sich zwischen die Beine gelegt hat, wie er sich an ihr rieb bis zum Orgasmus und was danach geschah. Kein Detail lässt er aus. Auch nicht, dass er es heute noch einmal besucht und es voller Lust angeschaut hat. Es erregt ihn, das alles niederzuschreiben.

Zur gleichen Zeit, als der junge Mann den Karteikarten seine Tageserlebnisse anvertraut, sitzt die 32-jährige Anika Esche aus Mausdorf, einer über 6000 Einwohner zählenden Gemeinde am Stadtrand von Berlin, Unterleutnant Milan vom zuständigen Volkspolizei-Kreisamt gegenüber. Sie meldet das Verschwinden ihrer neun Jahre alten Tochter Wibke. Der Polizeibeamte hat alle Mühe, die Frau vor seinem Schreibtisch zu beruhigen. Sie ist der Verzweiflung nahe. »Wibke ist unser einziges Kind. Jetzt ist sie verschwunden. Wir haben schon überall nachgefragt, bei meinen Eltern, der Schwiegermutter und anderen Verwandten, der Klassenlehrerin und der Horterzieherin. Nirgends ist meine Tochter. Sie war heute nicht in der Schule und im Hort. Dabei sind wir doch früh gemeinsam losgefahren, ich zur Arbeit und sie zur Schule.«

An ka Esche wird immer wieder von Weinkrämpfen geschüttelt. Nur stockend kann sie den Tagesablauf schildern. »Heute früh gegen vier Uhr, als mein Mann aufgestanden und zur Arbeit gefahren ist, ist sie zu mir ins Bett gekommen und hat sich angekuschelt. Sogar das pünktliche Aufstehen hat geklappt. Wir haben gemeinsam gefrühstückt und kurz vor sieben Uhr die Wohnung verlassen. Weil sie ihre Turnschuhe vergessen hatte, ist sie mit dem Rad noch einmal nach Hause zurückgefahren. Das hat aber nicht lange gedauert. Gegen 7.15 Uhr kam sie im Betrieb vorbei und hat mir den Wohnungsschlüssel zurückgebracht. Ich bin mit ihr noch raus bis zur Straße und habe gesehen, wie sie Richtung Schule gefahren ist.«

Erste Nachforschungen ergeben, dass Wibke Esche gegen 7.30 Uhr das letzte Mal in der Nähe einer Müllkippe, die einst eine Kiesgrube war, gesehen wurde. Die Straße, die zur Schule von Mausdorf führt, verläuft nicht weit davon entfernt. Dort verliert sich ihre Spur.

Unterleutnant Milan bittet die Mutter um die Personenbeschreibung ihres vermissten Kindes. Es fällt ihr schwer, dabei kennt sie jedes Detail: die kleine Narbe am Mundwinkel und den stecknadelkopfgroßen Leberfleck kurz über dem Po. Größe, Augen- und Haarfarbe, die Ponyfrisur, die Beschreibung der Kleidung bis hin zur Strumpfhose und dem Schlüpfer – das alles zu beschreiben erzeugt ein Gefühl panischer Angst um das Schicksal ihrer Tochter.

Die Hoffnung der Eltern, dass das Schreckliche, das Unfassbare nicht geschehen sein kann, stirbt einen Tag später. Die neun Jahre alte Wibke wurde ermordet.

Zunächst finden die Suchtrupps im erweiterten Umkreis der einstigen Kiesgruppe alle möglichen Gegenstände, die dem Mädchen gehörten, darunter die rote Schulmappe mit Tragegurten, Hefte und Bücher, ein paar Turnschuhe und Fingerhandschuhe. Wenig später führt ein Fährtenhund die Polizei zu einem Weidengestrüpp am Rande der Kiesgrube. Darunter liegt die Leiche des Kindes. Sie ist vollständig bekleidet, um ihren Hals ist ein Schal geschlungen und doppelt verknotet. Wibke wurde erdrosselt. Bei der Obduktion stellen die Gerichtsmediziner zudem zahlreiche Verletzungen am Kopf fest. Der Täter muss mehrfach auf sein Opfer eingeschlagen haben, wahrscheinlich mit einem Stock, der in der Nähe des Tatortes gefunden wird. Hinweise auf eine Vergewaltigung des Mädchens gibt es nicht. Geschlechtsorgane und After sind unverletzt, das Jungfernhäutchen ebenfalls. Samenzellen werden nicht gefunden. Die Gerichtsmediziner schließen einen gröberen sexuellen Angriff des Täters aus. Allerdings sind Pflanzenteile und Sand zwischen der Kleidung sowie auf der Haut untrügliches Zeichen dafür, dass das Opfer am Tatort entkleidet und wieder angekleidet worden ist.

Detlef Schulze, inzwischen pensionierter Kriminalist der MUK in Potsdam, erinnert sich noch gut an diesen, zunächst schwer zu erklärenden Mordfall. Auch deshalb, weil er gemeinsam mit einem Kollegen den Eltern die Nachricht vom Tod ihrer Tochter überbringen musste. »Der Vater hat sich in seiner Verzweiflung auf meinen Kollegen gestürzt und wollte ihn verprügeln. Wir konnten ihn kaum zurückhalten. Einen Pfarrer oder Seelsorger, der uns begleitete und die Hinterbliebenen betreute, so wie das heute üblich ist, gab es nicht. Meine eigenen Töchter waren damals noch klein. Da geht einem ein solches Verbrechen besonders an die Nieren.«

Kaum war der erste Schock bei Eltern und Verwandten überwunden, kamen auf die Hinterbliebenen die Ermittlungen der Kripo zu mit für sie schwer zu verarbeitenden Fragen nach den Beziehungen zum Opfer und den Alibis zur angenommenen Tatzeit. »Bei der Suche nach einem Mörder wird der Kreis systematisch von innen nach außen erweitert. Gerade bei sexuell motivierten Straftaten, und davon sind wir in diesem Fall von Beginn an ausgegangen, besteht zwischen Täter und Opfer sehr oft eine Beziehung. In diesem Fall war das anders«, erzählt Schulze. »Anhaltspunkte für eine Beziehungstat ergaben sich nicht.«

Wibke Esche muss ihrem Mörder am 17. November 1980 zwischen 7.30 Uhr und 8 Uhr auf dem Weg zur Schule begegnet sein. In einem Experiment, bei dem drei Mädchen im Alter des Opfers mit dem Fahrrad den Weg Wibkes von der Arbeitsstelle der Mutter bis zur Schule in unterschiedlichen Geschwindigkeiten zurücklegen, werden maximal 22 Minuten Fahrzeit ermittelt. Der Täter muss seinem Opfer aufgelauert und es in dieser kurzen Zeitspanne auch ermordet haben. Die Gerichtsmediziner finden bei der Obduktion im Magen der Leiche Reste vom Apfelkuchen, den das Kind zum Frühstück gegessen hatte.

Neben einschlägig vorbestraften Sexualstraftätern erfasst die inzwischen mit weiteren Polizisten aus anderen Bereichen und Bezirken der DDR erweiterte MUK die Namen aller Männer aus Mausdorf und aus den umliegenden Gemeinden im Alter von 15 bis 25 Jahren. Als Quelle nutzen sie dafür auch die Listen der Schulen aus vergangenen Jahren. Hunderte Adressen von potenziell Tatverdächtigen füllen die Akten. Polizisten beginnen mit dem »Klinkenputzen«. Die Protokolle der Befragten stapeln sich bei der Auswertergruppe um Mordermittler Detlef Schulze. Dem läuft noch heute ein Schauer über den Rücken, wenn er sich die Panne in Erinnerung ruft, durch die der Täter fast durch das Netz der Ermittlungen geschlüpft wäre.

»Im Personenraster war ein gewisser Birger Graue erfasst, der die Schule in Mausdorf besucht und die zehnte Klasse erst vor kurzem erfolgreich absolviert hatte. Der Polizist, der uns von außerhalb zugeteilt und mit der Überprüfung beauftragt war, hatte aus dem Jungennamen Birger durch einen Schreibfehler irrtümlich den Mädchennamen Birgit gemacht. Da wir nach einem männlichen Täter suchten, hat er das Alibi von Graue nicht überprüft.«

Beim Abgleich der Ermittlungsergebnisse wird der Fehler entdeckt. Birger Graue gerät sofort nach seiner Befragung unter Tatverdacht. Sein Alibi für die Tatzeit ist löchrig. Er hat nach eigener Aussage und nach Angaben der Mutter wie immer gegen halb sechs Uhr morgens das Haus verlassen, um pünktlich seinen Ausbildungsbetrieb in Berlin zu erreichen. Dort ist er allerdings mit mehr als zweistündiger Verspätung eingetroffen. Er will in der S-Bahn eingeschlafen sein und die Haltestelle verpasst haben. Zeugen dafür gibt es nicht. Niemand hat ihn zur fraglichen Zeit gesehen, we-

der auf dem Bahnhof noch im Zug. Mit den Ungereimthei-
ten konfrontiert, verwickelt sich Graue in weitere Widersprüche. Aus Langeweile will er zwischen Sportplatz und
Müllkippe umhergelaufen sein, weil er keine Lust hatte, zur
Arbeit zu gehen. Dabei gefällt ihm die Lehre, und gebum-
melt hatte er bisher noch nie. Mit einem Knüppel, den er
schon Tage vorher zurechtgelegt hatte, habe er ohne Grund
Äste von den Bäumen geschlagen und darüber nachgedacht,
ob er nicht doch lieber zum Betrieb fahren sollte, erklärt er.

Graue wird unter dringendem Tatverdacht vorläufig festgenommen, eine Hausdurchsuchung angeordnet. Neben
anderen verdächtigen Spuren an Bekleidung und Schuhen
lassen vier Karteikarten, die Graues Mutter der Polizei
übergibt, keinen Zweifel: Birger Graue ist der Mörder von
Wibke Esche.

Am Morgen nach der Nacht, in der er onaniert und den Entschluss gefasst hatte, endlich einmal richtigen Geschlechtsverkehr mit einem Mädchen durchzuführen, nimmt das
Vorhaben in seinem Kopf Gestalt an. Unter der Überschrift
»Tathergang« notiert er später auf der Karteikarte: »An diesem Tag stand ich ganz früh auf. Ich wollte ein Mädchen
vergewaltigen, um meinen sexuellen Trieb zu befriedigen.
Ich stand auf der Straße und wartete auf die ersten Schul-
gänger. Dass ausgerechnet sie mir in die Arme fiel, konnte
ich nicht ahnen. Ich sagte zu ihr: ›He du, ich will mal mit
dir, kommst du mit?‹ ›Nein‹, sagte sie. ›Ich komme nicht
mit.‹ Sie fuhr weiter, und ich wusste, dass sie mich verraten
würde.«

Birger Graue beobachtet bei seinem Umherstreifen genau die angrenzende Straße, auf der sich gegen sieben Uhr
die ersten Mädchen und Jungen auf dem Schulweg befinden. Sie sind etwa so alt wie er. Die »großen Mädchen«

anzusprechen, traut er sich nicht. Die Hemmungen lassen seinen Mut verschwinden. Er befürchtet, dass sie ihn, den kleinen Moppeligen, auslachen und beschimpfen und sich wehren würden. So, wie es früher war in der Schule und jetzt wieder ist in seinem Lehrlingskollektiv. Eine halbe Stunde später radelt Wibke Esche heran. »Die nimmst du«, schießt es ihm durch den Kopf. Die Straße ist menschenleer. Er rennt dem Mädchen hinterher, das er auf elf bis zwölf Jahre schätzt, bekommt den Gepäckträger zu fassen und schleift das Kind samt Fahrrad vom Straßenrand in die ehemalige Kiesgrube, die den Bewohnern von Mausdorf inzwischen als illegale Müllkippe dient. »Ich will mit dir schlafen«, raunt er dem verängstigten Mädchen zu und hält ihm mit der rechten Hand den Mund zu. Nach einer kurzen Strecke lässt er das Fahrrad fallen und zerrt sein Opfer, das sich aus der Umklammerung befreien will, tiefer in die Grube hinein an eine »günstige Stelle«, die von der Straße nicht einsehbar ist und die er bei seinem Herumstreifen ausgesucht hatte. Dort zwingt er Wibke, sich zu entkleiden. Weil es ihm nicht schnell genug geht, hilft Graue energisch nach, bis sie völlig nackt vor ihm steht. Er kann seine sexuelle Begierde nicht mehr zähmen. »Leg dich auf die Sachen«, herrscht er das Kind an. Er holt seinen Penis aus der Hose und drängt sich zwischen die Schenkel des unschuldigen Mädchens.

Die Flut von Orgasmen, die er sich des Nachts in seiner Fantasie erträumt hatte und nach der Tat auf seinen Karteikarten beschreibt, erlebt Birger Graue nicht. Er kann nicht in das Mädchen eindringen, und auch zum Samenerguss kommt es nicht, obwohl er es mehrfach mit all dem versucht, was er in dem Pornoheft gesehen hat. Wibke darf sich wieder anziehen. »Ich sage nichts, niemanden, verrate ich etwas«, versichert das Kind mehrfach. In Graue aber steigt Angst auf. Die beschmutzten und durchnässten Sachen des Mädchens würden der Lehrerin in der Schule ganz gewiss auffallen, und dann wäre er erledigt. »Da stehe ich vor mir aber blöd da, und vor meinen Kumpels auch. Keiner wird mich mehr ansehen«, redet sich Graue ein. »Ich muss sie töten.«

Wie bei einer Hinrichtung muss sich das Opfer vor ihm hinknien. Er tritt von hinten heran und schlägt mit dem Stock zu, den er die ganze Zeit bei sich hatte, um damit angeblich Äste von den Bäumen zu entfernen. Die Hiebe treffen den Hinterkopf des Mädchens, einmal, zweimal, mehrmals. Wibke wimmert und versucht, die Schläge mit den Armen abzuwehren. Es hilft nichts. Das Mädchen fällt auf die rechte Seite, ein Röcheln dringt aus dem Mund. Graue greift nach dem Schal, schlingt ihn um den Hals des Opfers, zieht ihn zu und verknotet die Enden. Er will ganz sicher gehen, dass das Mädchen ihn nicht verraten kann. Und zwar für immer. Als sich das Gesicht bläulich verfärbt und Blut aus dem Mund läuft, ist er sicher, dass das Mädchen tot ist.

Mit einem schwarzen Kreuz am Textanfang versehen notiert er auf der Karteikarte: »Am 17. 11. 1980 um 7.40 Uhr vormittags Todesursache: Vergewaltigung, Schädelbasisbruch – Erwürgung. Tod innerhalb von 5 Minuten.«

Ohne einen weiteren Gedanken an das eben Geschehene zu vergeuden, geht Birger Graue auf Umwegen nach Hause, um nicht gesehen zu werden. Er wäscht sich, »weil ich vor Aufregung sehr geschwitzt habe«, wie er später vor Gericht den Tatablauf schildert, und fährt nach Berlin in den Betrieb zur berufspraktischen Ausbildung. »Ich habe dort nicht mehr an die Tat gedacht.«

Am Abend begibt sich Graue erneut an den Tatort, wobei er wieder einen Umweg benutzt, und macht sich an die Beseitigung der Spuren. Das Mädchen liegt da, wie er es verlassen hat. Der Körper ist kalt, doch die Leichenstarre ist noch nicht voll ausgeprägt. Nichts ist verändert, das beruhigt ihn. Er schleift die Tote einige Meter weiter unter ein Weidengebüsch, das den Leichnam fast vollständig verbirgt. Dort entblößt er den Unterkörper, um sich nochmals das Geschlechtsteil anzusehen, und versucht, seinen Penis einzuführen. Es gelingt ihm wieder nicht. Er sortiert die Hefte und Bücher aus der Schultasche. Brauchbares nimmt er an sich. Dazu gehört der Pionierausweis des Opfers. Alles andere verstreut er abseits des Tatortes, um die Suche nach dem Opfer zu erschweren und in die Irre zu führen. Das Fahrrad versenkt Graue im nahe gelegenen Flutgraben. Damit es besser versinkt, zerschneidet er die Bereifung. Es wird nie gefunden. Die Lampe nimmt er an sich und montiert sie wie eine Trophäe auf sein Fahrrad.

Zu Hause setzt er sich an den Schreibtisch, nimmt die Karteikarten zur Hand und beginnt mit der Dokumentation seiner Tat. Aus dem Pionierausweis trennt er das Foto von Wibke und klebt es auf eine der Karten. Schräg darüber malt er mit einem Kugelschreiber einen schwarzen Balken. Er überträgt aus dem Ausweis Geburtsdatum und Geburtsort, die Wohnanschrift und in welche Klasse das Opfer ging. Wie bei einer Todesanzeige fügt er das Sterbedatum hinzu. Aus den Schulheften entnimmt er Namen, Berufe und Arbeitsstellen der Eltern. Beim Beschreiben der sexuellen Handlungen übertreibt Graue erheblich, doch es erregt ihn erneut. Er masturbiert. Die Mutter findet später die Karteikarten und übergibt sie der MUK.

Der Tod gehört zum Leben. Für die Hinterbliebenen ist er immer mit Schmerz und Trauer verbunden. Wie unerträglich aber muss es sein, wenn das einzige Kind im Alter von neun Jahren auf so grausame, so sinnlose und perverse Art aus dem Leben gerissen wird! Was ist das für ein Mensch, der einen solchen Mord begeht?

Um es vorweg zu nehmen: Birger Graue ist für den Mord an der neunjährigen Wibke Esche strafrechtlich voll verantwortlich. Er stammt auch nicht aus den so oft bei solchen schweren Kapitalverbrechen zitierten »schwierigen familiären Verhältnissen«. Er wächst in bescheidenen, aber sozial gesicherten Verhältnissen auf. Und doch ergeben sich in der Entwicklung von Graue vom Kind zum Heranwachsenden vor allem in der Ausprägung charakterlicher Eigenschaften und der Ausbildung sexueller Normen und Verhaltensweisen Hinweise auf Versäumnisse und Fehlentwicklungen. Bei den Eltern und Großeltern steht der kleine Birger meist im Schatten des sechs Jahre älteren Bruders. Die Eltern-Kind-Beziehungen sind eher kühl, obwohl Birger von klein auf mehr Zuspruch als die »harte Hand« benötigt. »Brüllen« als Erziehungsmethode ist der vorherrschende Ton. Vor allem das Verhältnis zum Vater, der selbst nie ein warmherziges Elternhaus kennengelernt hatte, ist angespannt und selten herzlich. Gemeinsame Freizeit verbringt die Familie kaum. Familienurlaube, von denen Gleichaltrige erzählen, sind den Graues unbekannt. Birger ist schon im Kindergarten ein bockiges Kind, das kaum Spielgefährten findet. In der Schule verstärken sich die negativen charakterlichen Eigenschaften. Die Mutter bemüht sich, durch enge Kontakte zur Schule die vielen Schwierigkeiten, die es mit Birger gibt, abzufangen und in den Griff zu bekommen. Wenn der kleine Junge seine Bockanfälle hat, ist ihm kaum beizukommen. Mit der Einschulung verstärken sich die Tendenzen einer negativen sozialen Entwicklung. Während ihm die schulischen Anforderungen kaum Schwierigkeiten bereiten – Graue schließt die zehnte Klasse mit der Note »befriedigend« ab, obwohl es bei mehr Fleiß auch ein »gut« hätte sein können –, bleiben seine sozialen Bindungen gestört. Er neigt zu Aggressivität und Jähzorn. Geringste Anlässe lösen bei ihm Tobsuchtsanfälle aus, bei denen er »Kinder der Unterstufe fast erschlagen« hätte, wie es in einer Beurteilung heißt. Der Junge fühlt sich ständig angegriffen und begibt sich in Abwehrpositionen, die häufig in Schlägereien münden. Mitschüler hänseln ihn ständig wegen seiner zu kurzen Hosen und seiner hektischen Gangart. Auf Mädchen wirkt er regelrecht abstoßend. Minderwertigkeitskomplexe bilden sich aus, er ist verklemmt im Umgang mit ihnen. Verstärkt wird die Abneigung der Klassenkameradinnen und Klassenkameraden ihm gegenüber durch die Tatsache, dass er wegen seiner aggressiven Neigungen von einem Nervenarzt behandelt wird, was ihm den Ruf einbringt, »doof« zu sein. Birger ist ein Außenseiter. Er wird von der Schulleitung als »Problemschüler« eingestuft.

In den letzten beiden Schuljahren scheint sich der Jugendliche zu fangen. Die von ihm all die Jahre »abonnierte« Note Vier in Betragen verbessert sich hin zur Note Drei, im Zeugnis der neunten Klasse bescheinigt ihm die Schule ein »Bemühen um Leistungsverbesserung«.

Die sozialen Bindungen aber bleiben schwach. Das ändert sich auch in der Ausbildung zum Feinblechner in einem Berliner Betrieb nicht. Im Lehrlingskollektiv ist und bleibt er bedingt durch sein äußerliches Erscheinungsbild eines kleinwüchsig-untersetzten Jungen mit einem Milchgesicht die Zielscheibe von Hänselei und Verspottung. Es zieht ihn deshalb mehr zu Jüngeren, die ihn, den Älteren, akzeptieren. Vor allem in einer »Horde von Zwölfjährigen«, deren Chef er ist, fühlt er sich geachtet und anerkannt. In ihr erlebt er sich nicht als Pechvogel und Zielscheibe von Spott und Häme.

Vor allem gegenüber Mädchen gleichen Alters ist er gehemmt. Er findet keinen Kontakt zu ihnen, seine Annäherungsversuche sind wenig charmant, eher tollpatschig und

klebrig. Graue ist sexuell durch den Biologieunterricht aufgeklärt, selbst wenn im Elternhaus über dieses Thema nie
gesprochen wird und ein »Nacktheitstabu« herrscht. Sexuell
ethische und moralische Werte, die Achtung und Respek-
tierung des anderen Geschlechts, sind ihm im Wesentlichen
fremd und werden überlagert durch übertrieben ausge-
schmückte Erlebnis- und Erfahrungsberichte Gleichaltriger
und durch »Straßenaufklärung« in Form von Pornohef-
ten, die unter den Jugendlichen kursieren. Er will mitreden durch selbst Erlebtes und Erfahrenes und nicht nur
aufgrund von Onaniefantasien. Dafür hat er sich am Tattag
zielgerichtet ein »geeignetes Opfer« ausgesucht.

Das Bezirksgericht Potsdam verurteilt Birger Graue im
Mai 1981 wegen Mordes, versuchter Vergewaltigung und
schweren sexuellen Missbrauchs eines Kindes zu einer Freiheitsstrafe von 15 Jahren. Es ist die laut Gesetz in der DDR
zulässige Höchststrafe für einen Jugendlichen. Für den aus
egoistischen Motiven begangenen kaltblütigen Mord an
Wibke Esche gibt es nach Überzeugung der Richter keine
strafmildernden Gründe.

Birger Graue wird zehn Jahre nach dem Mord im November 1990 aus der Haft in seinen Heimatort entlassen. Ihm
wird ein Bewährungshelfer zur Seite gestellt, der ihn bei der
Wiedereingliederung unterstützt, was offensichtlich gelang.

DER LUSTBISS UND WEITERE RÄTSEL

Es ist Freitag, der 17. Oktober 1980. Das Zusammentreffen von Britta Mantra (20), Henrik Holzmann (32) und Dennis Parker (24) am Nachmittag in der Mitropa-Gaststätte von Oranienburg ist reiner Zufall.

Holzmann hat bereits einen »anstrengenden« Tag hinter sich. Eine Handverletzung musste in der Poliklinik behandelt werden, und nun hat er schon mehrere Stunden in Gaststätten der Kreisstadt unweit von Berlin damit verbracht, den Schmerz mit Schnaps und Bier zu bekämpfen. Jedenfalls redet sich das der Beifahrer auf einem Lebensmittel-Laster der örtlichen Handelsgesellschaft ein, um seinen Alkoholkonsum schon zu dieser frühen Tageszeit zu rechtfertigen. Getrunken hätte er allerdings auch ohne Handweh, denn er braucht den Alkoholpegel, um die innere Unruhe und das äußerliche Zittern zu beherrschen. Zwar muss er bis 18 Uhr beim Fleischer in seiner Heimatgemeinde Feldberg sein, um den Wochenendeinkauf zu erledigen, doch bis dahin sind noch zwei Stunden Zeit, den »Pegelstand« auf Wohlfühlniveau zu halten.

Dennis Parker ist eigentlich auf dem Weg nach Hause zu Frau und Kind, doch der Bus hat Verspätung, und die Kneipe am Busbahnhof ist übervoll. Also geht er hinüber zur S-Bahnstation, um dort ein paar Bier abzufassen. Er setzt sich an den Tisch zu Holzmann, den er aus gemeinsamen Betriebszeiten kennt.

»Na, hast wohl schon ein bisschen getankt«, begrüßt er ihn mit einem Knuff gegen die Schulter.

Britta Mantra befindet sich quasi auf der Durchreise. Sie will nach Berlin zu einem Bekannten, der sie trösten soll in ihrem Schmerz über die kürzliche Trennung vom Lebenspartner und Vater ihres Kindes, das sie bei der Mutter zurückgelassen hat. Für Sonnabend hat sie ihr Wiederkommen angekündigt. Britta, die dem anderen Geschlecht sehr zugetan ist, setzt sich zu den beiden ihr unbekannten Männern. Angesichts des Plastebeutels mit Kosmetik und Wäsche darin, den die schwarzhaarige, adrette junge Frau bei sich trägt, kommt man ins Gespräch über das Woher und Wohin. Die drei finden sich von Beginn an sympathisch, und die Zuneigung vertieft sich mit jedem Bier. Vor allem Holzmann fühlt sich zu Britta hingezogen. Vor zehn Monaten hat ihm seine Lebenspartnerin wegen der ständigen Sauferei den Laufpass gegeben, und seitdem sieht es eher mau aus mit Kontakten zu Frauen. Britta wiederum findet den Dennis »ganz süß«. Auf der gemeinsamen feucht-fröhlichen Fahrt mit der S-Bahn, die sich dem Mitropa-Aufenthalt anschließt, verabreden die drei auf Anregung von Holzmann, in dessen Wohnung in Feldberg noch ein bisschen das Kennenlernen zu vertiefen. So kommt es, dass die lustige Truppe durch den idyllischen Ort zieht, hin zum Einfamilienhaus in der Wintergasse, das Henrik Holzmann gemeinsam mit seinem Bruder bewohnt, der zum Glück schon zur Nachtschicht aufgebrochen ist. Es ist eine Gegend mit viel Grün, in der sich neben den Einheimischen auch Datschenbesitzer aus der nahen DDR-Hauptstadt wohlfühlen. Lediglich die Bahnlinie, die quer durch den Ort führt und die Gemeinde in zwei Hälften teilt, stört die Randberliner Gemütlichkeit.

In Holzmanns guter Stube macht es sich die Runde nach der Besichtigung der anderen Räume wie Küche und Schlaf-

zimmer bequem. Man isst, trinkt und nimmt sich wechsel-
seitig auch mal in die Arme. Zum angestrebten Sex kommt
es nicht. Gegen 21.30 Uhr bringt Holzmann seine beiden
Gäste durch den Hausgarten bis zur Straße und verabschiedet sie Richtung S-Bahnhof. An der nächsten Querstraße,
dem Grasweg, verliert er sie aus den Augen. Der Freitagabend ist gelaufen.

Am Wochenende darauf spielen Kinder am Samstagnach-
mittag – es ist der 25. Oktober – auf dem Grasweg in Feldberg
in der Nähe des dort steil abfallenden Bahndammes »Verstecken«. Oli, der Jüngste im Bunde der Rasselbande, wagt sich
besonders nahe an den einst künstlich aufgeschütteten Wall
heran. Auf der Suche nach einem prima Unterschlupf, in
dem er nicht entdeckt werden kann, wandert sein Blick die
Böschung hinab. Er traut seinen Augen nicht. Da ragen ein
paar Meter entfernt nackte Beine in den Himmel. Der Junge
rast so schnell er kann zu den Erwachsenen auf das nahe liegende Grundstück zurück und berichtet aufgeregt von seinem Fund. »Wird wohl nur eine Schaufensterpuppe sein«,
beschwichtigt Onkel Karl, bei dessen Familie er mit seinen
Eltern zu Besuch ist und der sich von solch einem Hirnge-
spinst nicht bei der Gartenarbeit stören lässt. Oli aber kann
sich nicht beruhigen. Er rennt zum Vater ins Haus, wischt
sich mehrfach über die Augen und stammelt: »Ich glaube, ich
sehe Gespenster. Da unten liegen nackte Beine.«
    Die Familien sind nun doch aufgeschreckt. Die beiden
Männer steigen über den Gartenzaun und gehen nachein-
ander den Trampelpfad entlang, der zum Grasweg führt.
An der von Oli bezeichneten Stelle müssen sie erkennen,
dass der Junge keine Gespenster gesehen hat. Von der oberen Kante aus führt eine Schleifspur nach unten, an deren
Ende die Männer nackte Beine ausmachen, die zu einer fast

vollständig entkleideten Frauenleiche gehören. Um deren Hals ist ein Pullover geschlungen.

Die durch die Polizei zum Fundort gerufene Ärztin der Schnellen Medizinischen Hilfe bemerkt am Hals Drosselmale, notiert auf dem Totenschein »unnatürlicher Tod« und als wahrscheinlichen Todeszeitpunkt den 24. Oktober, 22 Uhr. Dass die Tote dort schon viel länger liegen könnte, glaubt sie nicht. Bei der Toten handelt es sich um Britta Mantra, die wenige Tage vor ihrem 21. Geburtstag offensichtlich ermordet wurde.

Am 25. Oktober um 16.40 Uhr wird die Morduntersuchungskommission bei der Bezirksbehörde der Polizei in Potsdam zum Fundort der Leiche in Marsch gesetzt. Der ist inzwischen durch die örtliche Polizei gesichert. Aufgrund der Dunkelheit beginnt die akribische Spurensuche erst am nächsten Tag. Einzig ein Arzt des Instituts für Gerichtliche Medizin der Charité in Berlin erhält spät am Abend noch Zutritt zum Fundort. Er misst die Körpertemperatur bei der Toten, hält die Umgebungstemperatur fest, um später den Todeszeitpunkt exakter bestimmen zu können, und macht sich insgesamt ein Bild vom Fundort. Noch ahnen die Spezialisten der MUK und die Gerichtsmediziner nicht, welche überragende Bedeutung ihrer Arbeit in diesem Kriminalfall zukommen soll. Denn dieser Mord mit zahlreichen Widersprüchen und Rätseln wird Polizei, Staatsanwaltschaft, Gerichtsmediziner und kriminologische Sachverständige sowie Richter dreieinhalb Jahre beschäftigen. Am Ende sind die Sachakten 13 Bände stark mit mehreren Tausend Blatt Papier voller Ermittlungsergebnissen.

Die Arbeit der Kriminaltechniker am Tatort ist schwierig. Die Böschung ist ziemlich abschüssig und neigt sich im

Winkel von 45 Grad zu den Gleisen der Fernbahnstrecke nach Berlin. Die Leiche liegt mit dem Kopf hangabwärts rund sechs Meter vom oberen Rand entfernt auf der Mitte der Böschung, die mit Goldruten, Birken, Wildpflaumen und Eichen bewachsen ist. Das einzige Kleidungsstück an der Toten ist ein gelber Pullover, dessen linker Ärmel fest um den Hals geschlungen und doppelt verknotet ist. Die übrigen Kleidungsstücke liegen in einem Umkreis von zwei Metern verstreut herum. In der verwaschenen blauen »Levis«-Jeanshose stecken eine Strumpfhose, Söckchen, ein weißer Damenslip und ein gelber Schlüpfer. Offensichtlich ist dem Opfer die Hose mit allen Kleidungsstücken darunter in einem Ruck ausgezogen worden. Einen Meter von der Hose entfernt liegt auf dem Erdboden ein zerrissener weißer Büstenhalter. Außerdem sammeln die Kriminaltechniker diverse Kosmetikartikel im Umkreis der Leiche auf. Unter der rechten Schulter der Toten liegt ein Plastebeutel. Neben einigen Kleidungsstücken befinden sich darin eine Ausgabe der »Berliner Zeitung« vom 17. Oktober 1980, die Nr. 42/80 der Frauenzeitschrift »Für Dich«, ein Geldbeutel mit einem 50-Mark-Schein, etwas Kleingeld und eine S-Bahnkarte vom 17. Oktober 1980. Vom nackten Körper der Frauenleiche sichern die Spezialisten der Kripo mit Klebeband an verschiedenen Stellen, unter anderem von den Innenseiten der Schenkel, blaue Textilfasern. Solche Fasern befinden sich auch auf diversen Kleidungsstücken und in der Strumpfhose der Toten.

Mit großer Umsicht wird die Leiche geborgen und in unveränderter Körperhaltung in die Gerichtsmedizin der Humboldt-Universität Berlin (Charité) transportiert. Dort nimmt ein Expertenteam um Professor Dr. Otto Prokop die äußere und innere Leichenschau vor. Prokop ist Direktor des Instituts und der wohl bekannteste und renommierteste forensische Mediziner in der DDR und besitzt auch international einen herausragenden Ruf.

Britta Mantra, da sind sich die Sachverständigen nach eingehender Untersuchung einig, wurde erdrosselt. Allerdings weisen Verletzungen am Hals auf ein eventuell vorausgegangenes Würgen oder auf Schläge hin. »Ein Würgen ist nicht mit der nötigen Sicherheit auszuschließen«, heißt es im Obduktionsbefund. Bei der Festlegung auf den Todeszeitpunkt halten sich die Gerichtsmediziner zurück. Anhand der am Fundort gemessenen Körper- und Umgebungstemperatur sowie der ausgeprägten Leichenstarre der großen Körpergelenke gehen sie davon aus, dass Britta Mantra, wie schon auf dem ärztlichen Totenschein vermerkt, spätestens am 24. Oktober gegen 22 Uhr ermordet wurde. Allerdings könnte der Todeseintritt auch länger zurückliegen, schätzen die Gutachter ein. Ein Zeichen dafür sind zum Teil massiver Madenbefall sowie Hautverletzungen, die auf Tierfraß hindeuten. Damit liegen die Pathologen richtig.

Hinweise, dass Britta Mantra vor ihrer Ermordung vergewaltigt wurde, finden die Sachverständigen nicht. Das Genital ist unverletzt. Bei der Untersuchung von Ausstrichen aus der Scheide zeigt sich unter dem Mikroskop eine Vielzahl von komplett erhaltenen männlichen Samenfäden. Unmittelbar vor dem Tod muss es zwischen der zierlichen, nur 1,53 Meter großen und sehr schlanken Frau und einem Mann einvernehmlichen Geschlechtsverkehr gegeben haben. Dafür gibt es weitere Indizien. An der Haut beider Brustwarzen sind leichte Bissverletzungen zu sehen. Vor allem an der linken Brust sind Zahnabdrücke noch gut erhalten. Die Gutachter klassifizieren sie als »Lustbisse«, die ihr ein Mann während des Geschlechtsverkehrs zugefügt haben könnte.

Im Kriminalistischen Institut (KI) der Deutschen Volkspolizei gehen Gerichtsbiologen der Frage nach, wie lange nach dem Geschlechtsverkehr »massenhaft intakte Spermien«, wie sie bei der Obduktion entdeckt wurden, nachgewiesen werden können. Angaben in der Fachliteratur haben eine große Spannbreite zwischen 14 Stunden und neun Tagen in der Vagina von lebenden Frauen und bei weiblichen Leichen zwischen 16 Tagen und drei Monaten. Die Samenfädchen bleiben bei einer Toten also auch lange nach dem Geschlechtsverkehr noch in großer Zahl nachweisbar. »In der eigenen Untersuchungspraxis gelang der Nachweis von Spermien in der Vagina von Frauen, die Opfer von Sexualmorden waren, noch 45 Tage nach dem letzten Geschlechtsverkehr«, heißt es im Gutachten des Kriminalistischen Instituts. Am Zustand der Spermien lasse sich der genaue Todeszeitpunkt im Fall von Britta Mantra nicht näher bestimmen, legen sich die KI-Experten fest. Allerdings könnte er Tage, wenn nicht sogar Monate zurückliegen.

Einen wichtigen Ansatzpunkt für die Ermittlungen liefert den Kriminalisten der Potsdamer MUK der Inhalt des Plastebeutels, der bei der Toten gefunden wurde. Die »Berliner Zeitung« vom 17. Oktober sowie die am gleichen Tag in Oranienburg gelöste S-Bahnkarte der Preisstufe 3, die zur Fahrt nach Berlin berechtigt, rücken diesen Tag in das Zentrum der Ermittlungen.

Der Fleischer von Feldberg erinnert sich noch gut an Henrik Holzmann sowie die Frau und den Mann, die ihn bei dessen Wochenendeinkauf begleitet hatten. »Holzmann kauft bei mir immer freitags Fleisch und Wurst fürs Wochenende. Am 17. Oktober war er kurz vor 18 Uhr im Geschäft. Er war ganz schön angetrunken. Die beiden anderen aber auch. Der Mann soll ein ehemaliger Arbeitskollege gewesen sein, die Frau hätten sie am Bahnhof in der Mitropa aufgegabelt«, berichtet er.

Noch am späten Nachmittag wird Henrik Holzmann befragt. Der gibt sich ahnungslos. »An den 17. Oktober kann ich mich überhaupt nicht mehr erinnern. Da war ich besoffen«, will er die Kriminalisten abwimmeln. Er bestreitet den Einkauf beim Fleischer, und dass er in Begleitung von einer Frau und einem Mann gewesen sei, könne gar nicht sein. »Das hat sich der Metzger nur ausgedacht.« Wenig später gibt er zu, dass er in der Mitropa-Gaststätte der Havel-Stadt doch eine Frau kennengelernt hatte, von der gemeinsamen Fahrt mit der S-Bahn »weiß ich nun aber wirklich nichts«.

Die Widersprüche, in die sich Holzmann verstrickt, werden immer grotesker. Liegt es daran, dass er zum Zeitpunkt der Befragung stark angetrunken ist? Oder spielt er nur den Ahnungslosen? Holzmann wird zur weiteren »Klärung eines Sachverhalts«, wie es in der Kriminalistensprache heißt, mit aufs Polizeirevier genommen. Mit inzwischen eingetroffenen Ermittlungsergebnissen konfrontiert, kehrt das Erinnerungsvermögen bruchstückhaft zurück. »Ich hab die Britta gefragt, ob sie mit zu mir nach Feldberg kommt. Da hat sie ja gesagt. Wir haben im Abteil nebeneinander auf der Bank gesessen. Ich hatte meine Tasche zwischen den Beinen, da war noch ne Pulle Klarer drin. Aus der haben wir was getrunken. In Feldberg hat die Britta dann mein Fahrrad geschoben. Das hatte ich am Bahnhof abgestellt. Da hab ich gemerkt, dass noch eine andere Person bei uns war. Die ist dann auch mit in die Wohnung gekommen. Wer das war, weiß ich nun aber wirklich nicht. Das können sie mir glauben.« Holzmann redet sich im Verlauf der Befragung zunehmend mehr in Rage. Ein von den Vernehmern herbeigerufener Notarzt spritzt ihm ein Beruhigungsmittel, dann wird er nach Hause gebracht. Dort erleidet er einen epileptischen Anfall, der mit Faustan behandelt wird. Danach ist er nach Angaben des Arztes wieder voll vernehmungsfähig.

Als Zeuge Holzmann am nächsten Tag erneut »zur Klärung weiterer Fragen« zur Polizei beordert wird, eskaliert die Situation. »Der war so besoffen, dass er bei der Vernehmung sogar vom Stuhl gefallen ist«, beschreibt MUK-Kriminalist Detlef Schulze die damalige Situation. »Ein anderes Mal ist er plötzlich aufgesprungen, ist im Zimmer zum Waschbecken gerannt und hat da reingepinkelt.« Aufgrund zunehmender Aggressivität und Desorientiertheit wird Holzmann in eine Nervenklinik gebracht. Dort wird ein Alkoholdelirium mit Krampfanfällen diagnostiziert. Nach drei Tagen Behandlung auf der Intensivstation und sechs weiteren Tagen auf der Normalstation hat sich sein Gesundheitszustand gebessert, allerdings wirkt Holzmann noch immer nervös, unruhig und reizbar.

Die Polizei geht bei den Ermittlungen in die Offensive. In der »Berliner Zeitung« und auf Flugblättern mit einem Foto und der Personenbeschreibung wird die Bevölkerung um Mithilfe bei der Aufklärung des Tötungsverbrechens an Britta Mantra gebeten. Vor allem geht es um Zeugen, die die Frau am 17. Oktober nach 15 Uhr in Oranienburg und in der S-Bahn gesehen haben. Nachforschungen in Holzmanns Betrieb bringen erste Hinweise auf dessen Bekanntschaft mit Dennis Parker. Zeugen, die das Trio in der S-Bahn gesehen haben, identifizieren ihn anhand eines Passfotos. Auch der Fleisch- und Wurstwarenverkäufer aus Feldberg erkennt Parker wieder. Dass Holzmann, Parker und Britta Mantra gemeinsam in Feldberg waren und dass die beiden Männer wahrscheinlich die Letzten waren, die das Opfer lebend gesehen haben, daran gibt es kaum noch Zweifel. Die Rekonstruktion des Tattages steht auf relativ sicheren Füßen bis zu jenem Zeitpunkt, als sich die drei Zufallsbekanntschaften aus der »Mitropa« in Feldberg aus der Wohnung von Holzmann verabschieden.

Am 17. Oktober 1980 pünktlich um 17.49 Uhr verlässt die S-Bahn Richtung Berlin den Bahnhof in Oranienburg. Britta Mantra, Dennis Parker und Henrik Holzmann sitzen auf zwei gegenüberstehenden Bänken und haben sich so platziert, dass kein Vierter ihre Runde stören kann. Zwischen Holzmanns Beinen steht eine Tasche, darin ist eine Flasche Schnaps der Marke »Klarer«, die der Volksmund ob seiner mangelhaften Qualität auch als »Blauer Würger« bezeichnet. Der ist wirklich nicht gut und sorgt am nächsten Tag für einen mächtigen Brummschädel, doch er ist billig und wird in der Trinkerszene gern gekauft. Die Flasche kreist zwischen den dreien. Parker ist noch unschlüssig, ob er nicht doch lieber nach Hause zu Frau und Kind fahren sollte. Vor allem das Drängen von Britta, mit nach Feldberg zu kommen, lässt ihn seinen guten Vorsatz vergessen. Deutlich sind die Flirtsignale, die sie an ihn sendet. Auch Holzmann bemüht sich weiterhin intensiv um die Frau.

Auf dem Weg vom Bahnhof zur Fleischverkaufsstelle und zur Wohnung von Holzmann in der Wintergasse treibt ein »dringendes Bedürfnis« Britta Mantra in die Büsche. Ungeniert lässt sie ihr Höschen fallen, und die Männer sehen zu.

»Willste die ficken?«, fragt Holzmann seinen Bekannten Dennis unverblümt und direkt, wie es seine Art ist.

»Klar, ich bin spitz und scharf wie ein Rettich. Und du?«

»Ich auch, was denkste, warum ich die Britta sonst mit in meine Bude schleppe.«

»Na gut, wir können sie ja auch beide bumsen. Ich lasse dir den Vortritt. Machst sie richtig heiß, und wenn du fertig

bist, bin ich dran«, gibt sich Parker bei der ordinären Abspra-
che generös.

Während Holzmann beim Fleischer seinen Einkauf erledigt, warten seine beiden Begleiter draußen vor dem Geschäft auf einer Bank. Britta setzt sich mit gespreizten Beinen auf den Schoß von Dennis. Beide küssen sich.

»Wie lange willst du bei Holzmann bleiben?«

»Eine Stunde, oder anderthalb. Länger auf keinen Fall«,
gibt Parker zur Antwort.

»Nimm mich dann auf jeden Fall mit, auch wenn ich nicht
will oder zu besoffen bin.«

Holzmann beobachtet das Paar und raunzt Parker bei der
nächstbesten Gelegenheit an: »Fällst mir ja doch in den Rücken.«

»Quatsch kein dummes Zeug, es bleibt wie besprochen.
Ich kann ja auch gehen und mit der Bahn nach Hause fahren.«

Britta, die die letzten Worte hört, hakt sich fest bei Parker
ein. »Komm schon, Dennis, sei kein Spielverderber.«

Kurz vor acht Uhr betreten sie die Wohnung von Holzmann. Als der den Fernsehapparat einschaltet, läuft gerade
die »Tagesschau«. Das Westfernsehen ist in der Nähe von
Berlin störungsfrei und ohne großen Aufwand zu empfangen, viel besser, als es in anderen Gebieten der DDR der Fall
ist. Der Hausherr räumt Fleisch und Wurst in der Küche in
den Kühlschrank und zeigt seinen Gästen die Wohnung mit
Wohn-, Schlaf- und Kinderzimmer und einem Bad mit Koh-
leofen. Während Parker im Wohnzimmer die Fernsehnach-
richten verfolgt, essen Henrik und Britta in der Küche eine
Kleinigkeit und halten sich für kurze Zeit gemeinsam im
Schlafzimmer auf. Holzmann öffnet den Kleiderschrank
und zeigt Britta ein paar Sachen seiner einstigen Lebensgefährtin. »Wenn du willst, kannst du was haben.«

»Brauche ich nicht. Ich bin Schneiderin und nähe mir meine Klamotten selbst«, wehrt Britta ab.

»Mensch, da kannste mir doch ne blaue Jeans nähen«, flötet Holzmann, und nimmt sie in die Arme.

Minuten später sind sie zurück im Wohnzimmer. Die Stimmung wird trübsinnig, weil sich die Gespräche um die gescheiterten Beziehungen von Holzmann und Mantra drehen. Dennis schaltet den Fernseher ab und das Radio an. Es läuft die Sendung »Schlager der Woche«. Er und Henrik singen ein paar Knastlieder, denn über Gefängniserfahrungen verfügen beide. Aus Haftzeiten stammen auch ihre Tätowierungen an Armen und Oberkörper, für die sich Britta intensiv interessiert. »Zieht doch eure Hemden aus, ich will sie mir mal alle genau ansehen. Vielleicht gefällt mir was besonders. Ich habe ja nur so ein kleines Tattoo am Unterarm.«

Britta kommt auf die Idee, die Nacht gemeinsam in Holzmanns Schlafzimmer zu verbringen. Damit meint sie eher sich und Dennis allein in dem Ehebett als gemeinsam mit Henrik. Holzmann lehnt das Ansinnen ab und lässt sich auch nicht erweichen, als Britta vor ihm niederkniet und ihn anfleht, doch noch nachzugeben. Holzmann bleibt hart, und Parker glaubt nicht mehr an die Vollendung seines Seitensprungs.

»Ich haue jetzt ab«, verkündet er und raunt beim Anziehen Holzmann im Flur zu: »Mann, warum lehnst du dass mit dem Schlafzimmer ab. Wir hätten die dort beide gevögelt.«

Britta mag nun auch nicht mehr bleiben. »Warte, ich komme mit«, ruft sie.

Holzmann verabschiedet seine Gäste am Gartenzaun und sieht dem Paar, das eng umschlungen davonzieht, hinterher, bis es auf Höhe des Grasweges seinen Augen entschwindet.

Auf dem Grasweg wird der Austausch von Zärtlichkeiten

zwischen Britta und Dennis heftiger. Die Hände des Mannes wandern unter den Pullover von Britta und gleiten hinab in den Hosenbund der Frau. Die drängt sich dicht an Dennis und spürt dessen harte Männlichkeit. Die beiden Orte, die Dennis für einen Geschlechtsverkehr als günstig erachtet, passen Britta allerdings nicht. Einmal ist ihr der Untergrund zu hart, beim anderen Versuch stört eine Lampe, die am Eingang eines Siedlergrundstücks aufleuchtet. Schließlich findet Parker ein Plätzchen auf dem Bahndamm. Nur ein kleines Stückchen von der Oberkante entfernt ist eine kleine Mulde. Dort breitet er seine Lederjacke aus, auf die das Liebespaar niedersinkt. Als Parker beginnt, die Frau zu entkleiden, rutschen sie beide ein Stück die Böschung hinunter und – Britta kriegt sich vor Lachen nicht mehr ein. Sie kichert und kichert und beruhigt sich auch nicht, als Dennis energisch wird.

»Hör auf mit der Alberei. Erst bringste mich hoch, und dann lachste bloß noch.« Dennis fühlt sich behandelt wie ein dummer Junge. »Hör endlich auf«, fordert er erneut, umschlingt mit beiden Händen den Hals der Frau und drückt zu. Das Lachen erstirbt. Britta greift dem Mann über ihr in die Haare und zieht. Der richtet sich auf, streckt seine Arme durch und drückt mit seinem ganzen Gewicht auf den Hals. Der Körper unter ihm erschlafft. Dennis lässt los. Britta atmet schwer. Er entkleidet die Frau bis auf den gelben Pullover und den Büstenhalter. Den reißt er ihr während des Geschlechtsverkehrs vom Leib und schleudert ihn zur Seite. Der Samen ergießt sich in die Scheide der Frau, die keinerlei Reaktion zeigt.

Als sich Dennis aufrichtet, steht oben auf dem Bahndamm urplötzlich Henrik Holzmann. »Das habe ich mir doch gedacht, dass ihr hier rumvögelt. Haste mich doch hintergangen.«

Parker ist überrascht. »Ob der gesehen hat, wie ich die gewürgt habe?«, schießt es ihm durch den Kopf. Er ordnet die geöffnete Hose, nimmt seine Lederjacke, von der Britta gerutscht ist, und geht hinauf zu Holzmann.

»Kannst ja jetzt ebenso dein Vergnügen haben«, sagt Holzmann und weist in Richtung der Frau. Der lässt sich das nicht zweimal sagen. Sehen kann Dennis Parker nicht, was da unten geschieht, doch er hört Britta zweimal stöhnen und dass sie sagt: »Ihr seid Schweine. Das werdet ihr noch bereuen.«

Er zuckt zusammen. »Was ist denn passiert?«

Die Antwort von Holzmann versteht er nicht und klettert hinunter. Holzmann kniet links neben Britta. »So eine Scheiße, was soll ich denn machen? Was hast du mit ihr gemacht? Ich kann doch nichts dafür! So eine Scheiße, die muss weg.« Angst ergreift von Parker Besitz. Bilder aus der Vergangenheit schießen ihm in Sekundenschnelle durch den Kopf. Er hat in einem Zeitraum von zwei Monaten schon einmal insgesamt vier Frauen im Alter von 18 bis 50 Jahren gewürgt und beraubt und versucht, sie zu vergewaltigen. 15 Jahre alt war er damals. Für die Taten musste er zweieinhalb Jahre ins Gefängnis. Später folgten noch zwei Verurteilungen wegen kleinerer Vergehen. Holzmann war schon wegen Diebstahls und Rowdytum im Knast, weiß Parker. Auch soll er eine Frau verprügelt haben, wofür er vor Gericht angeklagt war. Allerdings konnte er damals seinen Kopf aus Justitias Schlinge ziehen.

Parker nimmt den Plastebeutel des Opfers und schleudert ihn weg. Holzmann packt die leblose Britta Mantra an den Beinen, und Parker greift sich die Arme unterhalb der Schulter. Dabei bemerkt er, dass der Pullover um den Hals des Opfers geschlungen ist. Beide werfen die Frau und deren umherliegende Bekleidung sowie den Beutel die Böschung hinab. Ohne Worte gehen die Männer getrennt ihrer Wege.

War der Tatablauf wirklich so? Die beiden Beschuldigten werden im November 1980 verhaftet und in Untersuchungshaft genommen. Das Ermittlungsverfahren dauert über ein Jahr. Ungezählte Male werden sie vernommen. Zeugen werden gehört, die vom Geschehen vor und nach der Tat berichten können. Angehörige und Arbeitskollegen charakterisieren die Tatverdächtigen, Gerichtspsychiater erstellen medizinische Gutachten zur Schuldfähigkeit, Experten des KI werten die Spuren aus, die am Tatort und am Opfer gesichert wurden und vergleichen sie mit beschlagnahmten Beweisstücken von Holzmann und Parker. Textilfasern und Bodenanhaftungen erhärten den Tatverdacht gegen die Männer. Die Spermaspuren helfen dagegen nicht weiter. Es kann nicht bestimmt werden, ob sie von einem Mann oder von zwei Männern stammen. Holzmann und Parker besitzen die gleichen Blutgruppen- und Ausscheidungsmerkmale. Die Wissenschaft ist Anfang der 1980er Jahre noch weit entfernt von der Entschlüsselung der DNA, dem sogenannten genetischen Fingerabdruck.

Unmittelbare Tatzeugen gibt es nicht. Henrik Holzmann legt zu keiner Zeit ein Geständnis ab, bleibt über Monate in seinen Aussagen widersprüchlich. Parker streitet zunächst jeglichen Kontakt mit Britta Mantra ab. Später räumt er ein, dass er sie gewürgt und anschließend mit ihr den Geschlechtsverkehr vollzogen hat. Zunächst nimmt er alle Schuld auf sich. Holzmann habe er nach dem Verlassen seiner Wohnung nicht mehr gesehen. Erst nach der psychiatrischen Begutachtung im Juli 1981 in der Berliner Charité und nach dem Besuch seiner Frau bei einem »Sprecher« in der Untersuchungshaftanstalt, bei dem sie ihn anfleht, die

Wahrheit zu sagen, ändert er seine Angaben und belastet Holzmann in mehreren Stellungnahmen und Vernehmungen schwer. Auch bei einer Gegenüberstellung mit Holzmann bleibt er dabei, dass dieser am Tatort war.

Die Polizei will den Tatablauf an Ort und Stelle am Bahndamm rekonstruieren. Holzmann lehnt die Teilnahme ab. »Ich habe mit dem Mord nichts zu tun«, ist seine Begründung. Mit Parker wird das Geschehen am 17. Oktober 1980 nach dem Verschwinden aus Holzmanns Wohnung nach dessen Angaben nachgestellt. Der Ablauf deckt sich mit den zahlreichen Spuren, die am Tatort gesichert worden waren. So haben sich die Gutachter beim KI festgelegt, dass die blauen Faserspuren am nackten Körper des Opfers aus Holzmanns Arbeitsjacke stammen. Der »Lustbiss« an den Brüsten wurde ebenfalls von Holzmann verursacht. Er kann keinesfalls Dennis Parker zugeordnet werden. »Die Besonderheiten der Zahnstellung lassen diese klare Differenzierung zu«, heißt es dazu im Gutachten. Außerdem werden an den Schuhen von Holzmann Bodenanhaftungen festgestellt sowie an der Kleidung Pollenkörner von Pflanzen, die vom Tatort stammen.

Im Februar 1982 verhandelt der 1. Strafsenat des Bezirksgerichtes Potsdam an fünf Tagen gegen Holzmann und Parker wegen Mordes, versuchten Mordes, Vergewaltigung und sexuellen Missbrauchs.

Der Prozess beginnt mit einem Paukenschlag. Dennis Parker widerruft alle seine Aussagen, die Henrik Holzmann belasten, und kehrt zu der Version zurück, dass dieser zu keiner Zeit am Tatort war. »Ich hatte mit Britta Mantra Geschlechtsverkehr, die hat gelacht und damit nicht aufgehört. Deshalb habe ich sie gewürgt. Dann habe ich den Tatort verlassen, ohne noch einmal mit Holzmann Kontakt gehabt zu haben«, erklärt er vor Gericht. »Ich habe Holzmann nur belastet, um ihn zu provozieren. Er sollte einen Tatbeitrag zugeben«, begründet er die Kehrtwendung.

Das Gericht folgt dieser Darstellung nicht. Vielmehr gehen die Richter davon aus, dass Angst Hintergrund des Widerrufes ist. Mehrfach habe Parker in Aussagen darauf hingewiesen, dass er für sich, seine Frau und das Kind Nachteile befürchte und er Holzmann deshalb lange nicht belastet habe. »Der hat einen großen Bekanntenkreis unter ehemaligen Strafgefangenen. Holzmann ist viel schlauer und raffinierter als ich und weiß schon, wie er am besten aus der Sache herauskommt«, sagte Parker in einer der Vernehmungen dazu. Ob diese Befürchtungen einen ernsten Hintergrund haben, sei dahingestellt. »Ausschlaggebend ist vielmehr, ob derartige Befürchtungen geeignet sein können, das Aussageverhalten zu beeinflussen und demzufolge aus Zweckerwägungen auch zur zeitweiligen Verdeckung der Wahrheit führen können. Das ist zweifellos zu bejahen«, heißt es dazu in der Urteilsbegründung.

Die Richter sind überzeugt, dass der »Lustbiss« an der Brust von Holzmann stammt und er dem Opfer beim Geschlechtsverkehr am Tatort zugefügt wurde. Auch die blauen Faserspuren von Holzmanns Arbeitsjacke auf dem nackten Körper könnten nur so erklärt werden. Das Gericht widerspricht damit der Auffassung des Verteidigers, dass die Übertragung dieser Spuren und der Biss bereits im Schlafzimmer der Wohnung erfolgten, als Holzmann mit Britta Mantra dort für kurze Zeit allein war.

Das Bezirksgericht Potsdam verurteilt Henrik Holzmann wegen Mordes und Missbrauchs zu sexuellen Handlungen zu einer lebenslangen Freiheitsstrafe. Dennis Parker wird wegen versuchten Mordes und wegen Vergewaltigung mit zehn Jahren Gefängnis bestraft. Es ist die im Gesetz vorgesehene Mindeststrafe.

Die Verteidiger hatten für ihre Mandanten jeweils Freisprüche beantragt. Der Anwalt von Holzmann aus den bereits geschilderten Gründen, der von Parker, weil der Geschlechtsverkehr einvernehmlich erfolgte und das Opfer noch lebte, als sein Mandant den Tatort verließ.

Die Verteidiger legen beim Obersten Gericht der DDR Berufung ein. Holzmann sei in der umfangreichen Beweisaufnahme seine Schuld nicht zweifelsfrei nachgewiesen worden. Nach dem Rechtsgrundsatz »in dubio pro reo« (im Zweifel zu Gunsten des Angeklagten) müsse er freigesprochen werden. Der Anwalt von Parker rügt die unrichtige Anwendung des Gesetzes und die falsche Strafzumessung. Die Staatsanwaltschaft legt wegen des milden Urteils für Parker Beschwerde ein. Als Rückfalltäter hätte gegen ihn eine höhere Strafe verhängt werden müssen, so die Begründung.

Das Oberste Gericht der DDR fordert im Juni 1982 beim Kriminalistischen Institut der Volkspolizei ein Zweitgutachten an. Die Richter listen 15 Fragen auf, die sich vor allem auf die blauen Textilfasern, den »Lustbiss«, die Bodenanhaftungen und die Pollenkörner an Holzmanns Kleidung konzentrieren.

Nach einer dreitägigen öffentlichen Verhandlung Ende September/Anfang Oktober 1982 hebt der 5. Strafsenat des Obersten Gerichts das Potsdamer Urteil gegen Dennis Parker auf und verweist die Sache zur erneuten Verhandlung an das Bezirksgericht zurück. Auch das Urteil gegen Henrik Holzmann wird aufgehoben. Der 5. Strafsenat spricht ihn vom Vorwurf des Mordes frei. Noch am selben Tag wird Holzmann aus der Haft entlassen.

Die obersten Strafrichter stellen in ihrer Begründung fest, dass es sehr schwierig ist, nachzuweisen, wer Britta Mantra erdrosselt hat, weil es keine unbeteiligten Tatzeugen gibt.

»Das Bezirksgericht hat sich bemüht, die widersprüchlichen Aussagen der Angeklagten zu analysieren und im Vergleich mit den materiellen Spuren die Wahrheit aufzuklären. Das ist aber nur zum Teil gelungen.«

Den Freispruch von Holzmann begründen die Richter mit Zweifeln bei der Bewertung der Spuren. Es konnte nicht nachgewiesen werden, dass die blauen Fasern von Holzmanns Arbeitsjacke nur durch den direkten Kontakt auf den Körper des Opfers gelangt sind. Sie könnten auch von der Arbeitsjacke auf die Bekleidung von Parker und von dort auf die Haut von Britta Mantra gekommen sein. Der »Lustbiss« und die Fasern könnten aber auch bereits in den Stunden vor der Tat übertragen worden sein, etwa beim Austausch von Zärtlichkeiten im Schlafzimmer. Die Bodenproben an den Schuhen von Holzmann überzeugen die Richter als Beweis ebenfalls nicht. Bei den Bodenresten handle es sich um die geringe Menge von 0,02 Gramm, die sich sehr lange auf dem Oberleder von Schuhen halten kann. Zudem befindet sich der Tatort auf dem einst künstlich aufgeschütteten Bahndamm nur etwa 70 bis 90 Meter von Holzmanns Grundstück entfernt. Außerdem sei es nicht einmal erwiesen, dass Holzmann diese Schuhe überhaupt getragen hat. Der Senat bezweifelt auch, dass bei Parker einzig und allein Wahrheitsliebe das Motiv war, Henrik Holzmann so schwer zu belasten, obwohl er angeblich so große Angst vor Holzmann und seinen Knastbekanntschaften hatte. Den Pullover, mit dem das Opfer erdrosselt wurde, will Dennis Parker erst gesehen haben, als er gemeinsam mit Holzmann die Tote den Bahndamm hinunterwarf. Damit wälzt er den Mord auf Holzmann ab, weil Britta Mantra ja noch lebte, als er das Opfer nach der Vergewaltigung verlassen hatte, heißt es in der Begründung für den Freispruch.

Mit dem Freispruch folgt das Gericht dem Antrag des Generalstaatsanwaltes der DDR.

Der Potsdamer MUK-Ermittler Detlef Schulze wundert sich auch heute noch, dass Holzmann ungeschoren davongekommen ist. »Die Spuren am Tatort sprechen einfach eine andere Sprache. Dass Holzmann und Mantra im Schlafzimmer Sex hatten und dem Opfer dabei der Biss zugefügt wurde und die Textilfasern auf ihre Haut gekommen sind, dafür haben wir damals nicht einen Anhaltspunkt gefunden.«

Im Januar 1983 findet am Bezirksgericht Potsdam die dritte, aber noch lange nicht letzte Runde im juristischen Ringen um die Aufklärung des Mordes an Britta Mantra statt. Diesmal sitzt nach dem höchstrichterlichen Freispruch von Henrik Holzmann nur noch Dennis Parker auf der Anklagebank. Die Verhandlung findet erneut vor dem 1. Strafsenat statt, dem der gleiche Richter vorsitzt, der bereits die erste Hauptverhandlung im Februar 1982 geleitet hatte. Das Gericht verurteilt Dennis Parker wegen vollendeten Mordes an Britta Mantra zu einer lebenslangen Freiheitsstrafe. Der Angeklagte hat sein Opfer zunächst gewürgt, bis es bewusstlos war, es dann ausgezogen und mit ihm den Geschlechtsverkehr gewaltsam vollzogen. Weil die Frau noch lebte, habe er als Rückfalltäter Angst vor einer erneuten Anzeige wegen Vergewaltigung gehabt. Um das zu verhindern hat er sie gedrosselt, um sie zu töten, begründen die Richter die Abkehr von ihrem ersten Urteilsspruch.

Das Ende der Fahnenstange scheint erreicht, als das Oberste Gericht in dem inzwischen vierten Verfahren im Mai 1983 die Berufung von Dennis Parker gegen das Mordurteil ablehnt.

Das ist ein Irrtum.

Im Februar 1984 beantragt der Präsident des Obersten Gerichtes der DDR, Heinrich Toeplitz, beim zuständigen Strafsenat das Urteil des Bezirksgerichtes Potsdam gegen Parker wegen Mordes zu kassieren und ihn wegen versuchten Mordes und wegen Vergewaltigung zu einer Freiheitsstrafe von 15 Jahren zu verurteilen.

In der Begründung seines Kassationsantrages folgt Toeplitz überraschend in entscheidenden Punkten der Auffassung der Potsdamer Richter im ersten Verfahren im Februar 1982.

1958 Weil Henrik Holzmann in der Berufungsverhandlung vom Obersten Gericht freigesprochen wurde nach dem Grundsatz »in dubio pro reo«, darf damit nicht der Umkehrschluss gezogen werden, dass nun automatisch Dennis Parker der Täter ist, argumentiert der Gerichtspräsident. Die Fakten, die einst zur Verurteilung von Holzmann mit einer lebenslangen Freiheitsstrafe wegen Mordes führten, sind ja nach wie vor vorhanden. Sie müssen aus der Sicht von Dennis Parker beurteilt werden, weil auch für ihn das »in dubio pro reo« gilt.

Dann wird Toeplitz konkret:

1. Der »Lustbiss«. Die Beweislage zwingt zu dem Schluss, dass Britta Mantra am Tatort von Henrik Holzmann beim Geschlechtsverkehr gebissen wurde.

2. Die blauen Textilfasern. Dass die blauen Textilfasern aus der Arbeitsjacke von Holzmann auf der Haut des Opfers bereits in der Wohnung übertragen wurden, ist nicht bewiesen. Es gibt kein Indiz dafür, dass Britta Mantra nackt in der Wohnung herumgelaufen und es im Schlafzimmer zum Geschlechtsverkehr gekommen ist und Dennis Parker davon nichts mitbekommen haben soll, zumal die junge Frau diesen mit Parker ausführen wollte. Es ist außerdem durch keine Aussage belegt, dass Holzmann

die Jacke überhaupt in der Wohnung getragen hat. Es ist davon auszugehen, dass die Fasern am Tatort übertragen wurden.

3. Die Schuhspur und die Pollenkörner. Nach dem Grundsatz »Im Zweifel zu Gunsten des Angeklagten« muss davon ausgegangen werden, dass die Bodenanhaftungen an den Schuhen und die Pollenkörner von Pflanzen an der Kleidung von Holzmann bei der Tat entstanden sind.

4. Lage des Opfers am Fundort. Die Lage der Leiche am Fundort lässt den Schluss zu, dass Holzmann und Parker das Opfer die Böschung hinuntergeworfen haben.

5. Das Erdrosseln. Der Angeklagte hat weder im Ermittlungsverfahren noch in den gerichtlichen Hauptverhandlungen gestanden, dass er das Opfer mit dem Pullover erdrosselt hat.

Als Parker in einer Vernehmung vorgehalten wurde, dass Erwürgen nicht die Todesursache ist, sagte er: »Ich habe die Britta Mantra gewürgt. Das ist die Wahrheit. Wenn die Todesursache nicht Erwürgen ist, dann bleibt nur eins übrig: Erdrosseln mit einem Handtuch.« Auf die Frage nach der Herkunft des Handtuchs antwortete er: »Möglich wäre es auch mit dem Pullover oder mit dem Hosenbein oder irgendwas. Wasser war nicht da, dass ich sie ertränkt haben könnte, und etwas anderes kommt auch nicht infrage, so dass nur noch Erdrosseln übrig bleibt.« Wann immer er zu diesem Thema befragt wird, er bleibt bei seiner Antwort: »Ich habe zugedrückt, das weiß ich genau, ob ich da aber auch noch einen Pullover genommen habe, das weiß ich einfach nicht. Die einzige Rolle, die der Pullover spielen kann, war da, wo ich die Geschädigte ausgezogen habe. Dass er dann noch eine Rolle spielte, das kann ja möglich sein, aber ich weiß das nicht.«

Nach dem Grundsatz »in dubio pro reo« wird Dennis

Parker wegen versuchten Mordes und Vergewaltigung zu 15 Jahren Freiheitsstrafe verurteilt.

Mit der Rechtskraft des Urteils am 26. April 1984 ist die Mordsache Britta Mantra juristisch abgeschlossen. Dennis Parker wird im November 1988 auf Bewährung entlassen.

Die ganze Wahrheit in diesem Fall kennen nur Henrik Holzmann und Dennis Parker.

BENZINRAUSCH

Frank Lehr dreht erst einmal eine Runde durch den Garagen-Komplex am Stadtrand von Frankfurt (Oder), bevor er seinen Wartburg für den Familienausflug startklar macht. Es ist später Vormittag am 13. November 1988, der ein schöner Herbstsonntag zu werden scheint. Jedenfalls hat das der Wetterbericht verkündet, und tatsächlich widerspricht die am Himmel stehende Sonne den Prognosen der Wetterpropheten im Moment nicht.

Weit über einhundert Unterstellmöglichkeiten für Kraftfahrzeuge reihen sich hier an- und nebeneinander. Autos sind in der DDR kostbar, die lässt, wenn es aus Mangel an Alternativen nicht sein muss, niemand auf der Straße stehen. Denn genauso lang, wie die Wartelisten für Trabant, Wartburg, Skoda oder Lada sind die für Garagen. Glücklich ist, wer eine solche Unterstellmöglichkeit für den fahrbaren Untersatz sein Eigen nennen oder wenigstens gegen Miete nutzen kann, selbst wenn diese nicht selten höher ist als für die Dreizimmerwohnung im Plattenbau. Auch große Entfernungen zwischen dem Zuhause des Autos und dem des Besitzers werden in Kauf genommen, Hauptsache, dem Familienschmuckstück geht es bestens.

Weil die Bauten mit den einfachen Holztoren aber alles andere als einbruchssicher sind und Diebe nahezu magisch anziehen, haben die Mitglieder der Garagengenossenschaft einen Selbstschutz organisiert. Polizei lässt sich nämlich nur blicken, wenn des Nachts wieder einmal Einbrecher auf Tour waren.

Als Lehr an der Garage mit der Nummer 142 vorbeikommt, wundert er sich über den Leichtsinn des Besitzers. Das Tor ist nur angelehnt. »Das kann doch nicht wahr sein«, murmelt er vor sich hin und wirft einen Blick in das Innere. Der weiße Wohnwagen scheint unberührt zu sein. Zumindest ist im Halbdunkel nichts Auffälliges zu erkennen. Es erhellt sich auch nicht, als Lehr den Schalter betätigt. Die Glühlampe hat ihren Geist aufgegeben. »Ich werde auf der Rückfahrt beim Alfred anhalten und ihm Bescheid geben«, nimmt er sich vor. Schon will er gehen, als er, halb verdeckt von dem Campingmobil, ein Bündel in der Ecke erblickt. Beim Herangehen stockt ihm der Atem. Lehr ist entsetzt. Was seine Augen sehen, kann sein Verstand nicht begreifen. Frank Lehr hastet zu seinem Wartburg und meldet um 13.05 Uhr beim Volkspolizei-Kreisamt in Frankfurt (Oder), dass in der Garage 142 im Garagenkomplex »Schrebergarten« eine tote Frau liegt. Kurze Zeit später rasen Polizei- und Krankenfahrzeuge mit Blaulicht und Sirengeheul durch die Bezirksstadt an der Oder. Die Bewohner des angrenzenden Wohnkomplexes beobachten das Geschehen aus der Ferne von Balkons oder näher dran hinter den roten Absperrbändern der Polizei. Gerüchte von einer Toten verbreiten sich rasend schnell. Das Grauen im Inneren der Garage aber kann sich keiner vorstellen.

Auch nicht die Kriminalisten der Morduntersuchungskommission, die den Tatort sichern. Sie haben in ihrem Beruf schon viel Schreckliches sehen und verarbeiten müssen. Aber das?

In der hinteren rechten Ecke liegt eine grässlich zugerichtete junge Frau. Sie mag zwischen 20 und 25 Jahre alt sein. Das können die Polizisten zunächst nur schätzen, denn Hinweise, die auf ihre Identität schließen lassen, gibt es nicht. Weder Handtasche noch Papiere werden gefunden.

Die Wand, an der das Mordopfer halb mit Rücken und Kopf lehnt, ist mit Blutspritzern übersät. Im Bereich des Kopfes kleben Haarbüschel am Mauerwerk.

Dass ein Tötungsverbrechen vorliegt, daran gibt es von Beginn an keinen Zweifel. Die blauen Jeans und der Schlüpfer der Frau sind bis auf die Knöchel nach unten gezogen. Auch hier: alles voller Blut, das zum großen Teil schon getrocknet ist. Überall liegen Glassplitter und Glasscherben herum. Um den Hals der Leiche hat der Täter einen ehemals weißen Büstenhalter geknotet. Es stinkt nach Benzin. In der Garage und an der Toten sind Brandspuren unübersehbar. Die geöffneten Augen starren ins Leere.

Die Kriminaltechniker stecken die Trasse ab, auf der sich jeder zu bewegen hat, der den Tatort betreten muss, um keine Spuren zu vernichten oder neue zu verursachen, die in die Irre führen könnten. Alles bleibt, wie es ist. Lediglich den weißen Wohnwagen haben sie ein Stück nach vorn gezogen, weil er mit der rechten Hinterwand über die Beine mit der heruntergelassenen Hose der Toten ragte. Im Licht aufgestellter Scheinwerfer beginnt die Spurensicherung. Alles, was mit der Tat zusammenhängen könnte, wird fotografiert und notiert, eingesammelt und in Zellophantüten verpackt: Glasstücke, abgebrannte und nicht gezündete Streichhölzer, insgesamt 26 Stück, ein Zettel mit handschriftlichen Notizen, die locker geschraubte Glühlampe, eine goldfarbene Blechdose, abgeschraubte Flaschenverschlüsse. Mittels Eisenpulver und schwarzer Folie werden von Wohnwagen, Türen und Griffen Fingerabdrücke gesichert. Es ist die kriminaltechnische Sisyphusarbeit zur Aufklärung eines Kapitalverbrechens, routiniert, aber akribisch genau durchgeführt.

Ein Fährtenhund wird auf Spurensuche geschickt. Verwertbares, was zum Täter führen könnte, findet er nicht. Schon nach wenigen Minuten des Schnüffelns rund um die Garage und den ganzen Komplex setzt er sich auf seine Hinterpfoten. Winselnd, mit dem Schwanz wedelnd und schuldbewusst blickt er zu seinem Herrchen auf, der ihn dennoch lobt und tröstet. Er weiß, sein vierbeiniger Helfer hat das Beste gegeben.

Kurz nach 20 Uhr treffen zwei Ärztinnen des Instituts für Gerichtliche Medizin Frankfurt (Oder) am Tatort ein. Was sie diagnostizieren, sind Wunden, die Zeugnisse sind für ein furchtbares Massaker und die für das Opfer mit unvorstellbaren Schmerzen verbunden gewesen sein mussten, wenn sie ihr zu Lebzeiten zugefügt wurden. Der Körper ist von der Brust bis zu den Beinen durch zahlreiche, zum Teil tiefe Schnittverletzungen gezeichnet und voller Glassplitter. Zwischen den Oberschenkeln steckt eine große Glasscherbe. After und Genital sind schwer verletzt. Der Bauch ist aufgeschlitzt, die inneren Organe sind herausgequollen. In der entsetzlichen Wunde steckt eine große Schnapsflasche ohne Verschluss. Das Etikett ist noch gut lesbar. »Goldbrand« steht als Marke darauf. Schnaps ist nicht mehr in der Flasche, sondern Blut oder etwas, was danach aussieht. Im Gesicht, am Hals, am rechten Oberarm und auf der Brust entdecken die Gerichtsmedizinerinnen Verbrennungen ersten und zweiten Grades, die blonden Haare des Opfers sind im Bereich der Schläfen angesengt. Die Kopfschwarte ist an mehreren Stellen durchtrennt. Eine Rippe ist gebrochen. Ausgebrochene Zähne liegen auf verschiedenen Köperpartien. Bei all den vielen Wunden am Körper der Geschundenen finden sich keine Anzeichen für einen Kampf zwischen Täter und Opfer. Die Frau muss völlig ahnungslos gewesen sein, ohne die geringste Abwehrchance. Körperstarre und

Körpertemperaturen lassen den Schluss zu, dass das Opfer schon seit mehreren Tagen in der Garage liegt.

Am Morgen des nächsten Tages beginnt die Obduktion durch die beiden Gerichtsmedizinerinnen, bei der zwei Vertreter der Staatsanwaltschaft zugegen sind. Als Todesursache nennen die Obduzenten nach getaner Arbeit Würgen und Drosseln und Blutverlust bei offener Beckenwunde.

Wie könnte sich das Massaker abgespielt haben? Ist das Opfer bei lebendigem Leib aufgeschlitzt worden? Warum musste es so grausam sterben? Das sind Fragen, die den Ermittlern auf den Nägeln brennen. Anhand der Befunde bei der Sektion und der Feststellungen am Tatort können die Gerichtsmedizinerinnen Hinweise auf den Tathergang ableiten. Es sind Hypothesen. Nach ihrer Ansicht muss der Täter die Frau gewürgt und mit großer Gewalt zugeschlagen haben, wahrscheinlich mit den Fäusten und mit einer Flasche, wobei der Kopf heftig gegen die Wand geschleudert wurde. Verletzungen an After und Scheide könnten auf sexuelle Handlungen hinweisen, die der Täter möglicherweise mit Fingern und Gegenstände vorgenommen hat, als die Frau nach den Attacken zusammengesunken am Boden hockte. Schnitte im Unterleib lassen schlimmste Misshandlungen vermuten. Die können noch zu Lebzeiten, in der Sterbephase oder unmittelbar nach Todeseintritt vorgenommen worden sein. Ganz offensichtlich war das Opfer schon tot, als ihr die Schnapsflasche in den geöffneten Bauch geschoben wurde.

Der Täter muss wie von Sinnen gewesen sein. Oder war die junge Frau Opfer einer Gruppe von Männern nach einem Kneipenbesuch oder einer gemeinsamen Feier geworden? Bei der chemisch-toxikologischen Untersuchung wird bei ihr ein Blutalkoholgehalt von 1,2 Promille rekonstruiert.

Im Mittelpunkt der Ermittlungen steht zunächst, wer die Tote ist. Die Vermisstenmeldungen der zurückliegenden Tage, die bei der Polizei eingegangen waren, sind zunächst wenig hilfreich. Die meisten der Gesuchten sind inzwischen wieder aufgetaucht, bei anderen Personen schließen die Beschreibungen eine Identität mit der Ermordeten aus.

Am Montag, einen Tag nach Aufnahme der Mordermittlungen, meldet Elfriede Puffer bei der Polizei, dass ihre 20 Jahre alte Tochter seit dem 8. November verschwunden ist. Sie habe sich zunächst keine Gedanken gemacht, weil Sabine ein lebenslustiges Mädchen sei und schon mal bei dem einen oder anderen Mann übernachtet hat. Inzwischen mache sie sich aber Sorgen, weil nicht mal die beste Freundin wisse, wo sie sein könnte, und sie auch heute nicht auf ihrer Arbeitsstelle erschienen ist. Als Elfriede Puffer ihre Tochter beschreibt – 162 Zentimeter groß, langes, blondes Haar, bekleidet mit einer marmorfarbenen Jeans, einer blauen Baumwolljacke mit Reißverschluss und Druckknöpfen sowie schwarzen Knöchelschuhen zum Schnüren –, ahnt der diensthabende Offizier im Volkspolizei-Kreisamt, dass es sich um die Tote aus der Garage im »Schrebergarten« handeln könnte. Als er der Frau ein Foto vorlegt, ahnt Elfriede Puffer Schlimmes. »Woher haben Sie das Bild? Was ist mit meiner Tochter? Ist sie schwer verletzt, kann ich sie sehen?«

Die Polizisten können ihr den schlimmen Gang ins Leichenschauhaus nicht ersparen. Dort identifiziert sie die Ermordete aus Garage 142 als Sabine Puffer, ihre Tochter.

In der Bezirkszeitung »Neuer Tag« erscheint auf der Lokalseite Frankfurt (Oder) eine Meldung über das Verbrechen. Die Polizei bittet die Bevölkerung um Mithilfe bei der Aufklärung und um sachdienliche Hinweise. Bekannt ist, dass

Sabine am 8. November gegen 19.30 Uhr in der Gaststätte »Broilereck« letztmalig gesehen wurde.

Die Kripo verfolgt bereits eine heiße Spur. Beim »Klinkenputzen« in Gaststätten der erweiterten Umgebung des Tatortes und bei Ermittlungen in Bussen und Straßenbahnen spüren die Kriminalisten eine Gruppe von vier Männern auf, die sich aus der gemeinsamen Arbeit in einem Kühlbetrieb kennen. Auch eine junge, blondhaarige Frau ist Zeugen aufgefallen. Die hatte am Nachmittag des 8. November, einem Dienstag, mit einer Freundin in einer Gaststätte geklönt. Am Abend hatte sie dann eine Straßenbahn genommen, die sie heimbringen sollte in ihre Wohnung am Rande des von Plattenbauten dominierten Stadtteils der Bezirksstadt an der Oder. Der Personenbeschreibung nach muss es sich um die Lagerarbeiterin Sabine Puffer gehandelt haben. Sehr wahrscheinlich ist sie zwischen der Straßenbahnhaltestelle und der Wohnung mit dem oder den Tätern zusammengetroffen, ist man sich in der MUK einig.

Für Manfred, Jürgen, Rolf und Klaus, den Männern aus dem Kühlbetrieb, ist der Abend noch viel zu jung, als dass er nicht noch in zünftiger Runde ausklingen könnte. Die paar Bier und Schnäpse, die sie im Betrieb und im »Haus des Handwerks« genommen haben, haben durstig, lustig und unternehmensfreudig gemacht. »Lasst uns noch ne Runde Skat bei mir spielen. Ist keiner zu Hause, da haben wir unsere Ruhe«, schlägt Rolf Mattala vor. In der Kaufhalle, die auf dem Weg liegt, wird mit Bier und Schnaps aufgetankt. »Ich sag nur noch schnell meiner Ollen Bescheid, dann komme ich rüber«, sagt Klaus Stange. Der 27-Jährige will keinen Ärger mit seiner Lebensgefährtin. Seit mehr als einem Jahr sind Gracieta Bäcker und er ein Paar. Klaus, der groß und kräftig ist, hat vor seiner aus Polen stammende

Gracieta Respekt. Sie ist elf Jahre älter und hat fünf Kinder. Für die Söhne, von denen der älteste schon 20 Jahre ist, ist Klaus eher der große Bruder, von der vierjährigen Tochter wird er geliebt wie ein leiblicher Vater. In der Familie und bei Gracieta hat Klaus Halt gefunden und jene Liebe empfangen, die er sich in seinem bisherigen Leben so sehnlich gewünscht hatte.

Die Wohnungen liegen nur ein paar Hauseingänge voneinander entfernt, und es ist schnell getan, was gesagt werden musste. »Ich geh noch mal zu Mattala zum Skat«, teilt Klaus seiner Partnerin mit. Die macht gerade das Abendbrot für die Kinder und ist alles andere als erbaut, aber sie weiß, dass Klaus ohnehin nur schwer von seinem Vorhaben abzubringen sein würde. Der hat in den vergangenen Tagen oft genug Doppelschichten im Betrieb gefahren, und so gönnt sie ihm die Männerrunde.

»Aber ohne Weiber, ich komme gucken«, warnt sie.

»Kannst du meinetwegen machen«, gibt Klaus zurück, und schon ist er verschwunden.

Gracieta macht ihre Warnung wahr. Gegen 21.30 Uhr geht sie zu Mattala. Durch das Fenster kann sie in das erleuchtete Wohnzimmer sehen. Sie erkennt Wohnungsbesitzer Rolf, sieht ihren Klaus im Unterhemd am Tisch sitzen, bemerkt eine weitere, ihr unbekannte Person und glaubt, auch die Konturen einer Frau auszumachen. Eifersucht steigt in ihr auf. »Die werden doch nicht …?«

Sie will Gewissheit und drückt wenig später ihr Ohr an die Wohnungstür. Ein paar unverständliche Wortfetzen nimmt sie wahr, glaubt dann zu hören, wie einer der Männer sagt: »Los, leg sie auf den Tisch.« Wütend drückt Gracieta auf den Klingelknopf, wieder und immer wieder, bis Rolf endlich öffnet. Er ist verschwitzt, steht mit hochrotem Kopf an der Tür, doch eintreten lässt er den Gast nicht.

»Habt ihr doch ein Weib bei euch«, faucht Gracieta ihn an und versucht dabei, einen Blick ins Innere der Wohnung zu werfen. Der Flur ist leer, aus dem Wohnzimmer ist nur noch Flüstern zu vernehmen.

Rolf beschwichtigt die erregte Frau: »Wir spielen nur Karten, sonst ist nichts.«

Gracieta dreht sich um und geht. Daheim wartet sie in der guten Stube auf die Heimkehr ihres Mannes.

Über das Warten ist der Schlaf gekommen und die Zeit vergangen. Gegen 23 Uhr wird sie von Krach auf der Straße geweckt. Drei Männer und eine Frau stehen beieinander und diskutieren. Deutlich sieht sie ihren Klaus, der Rolf Mattala an den Schultern packt und ihn schüttelt.

»Was bist du für ein Kumpel. Du kannst ruhig mit zu meiner Frau kommen«, hört sie ihn sagen.

»Wird Zeit, dass er kommt«, denkt sie, dreht sich um und geht ins Bett.

Auch andere Bewohner des Hauses sind aufgeschreckt durch den Lärm, beobachten die Auseinandersetzung. »Was soll ich bei deiner Polenschlampe«, posaunt Mattala lauthals durch die Nacht. Die Rempelei zwischen den beiden Kampfhähnen nimmt an Heftigkeit zu. Indes haben sich der Mann und die Frau, die den Zeugen nicht bekannt sind, langsam dahinschwankend auf den Weg gemacht. Sie verschwinden Meter um Meter in der Dunkelheit. Bald darauf ist die Rangelei zwischen Rolf und Klaus beendet. Ruhe zieht wieder ein.

Mitternacht ist längst vorbei, als Gracieta erneut wach wird. Diesmal rumst es an der Kellertür des Hauses. »Das wird Klaus sein«, denkt sie sich. Wenig später schließt es an der Wohnungstür. Schlaftrunken setzt sich die Frau im Wohnzimmer in den Sessel, greift zur Zigarette und stößt den Rauch gen Zimmerdecke. Klaus rumort im Bad, zieht sich aus und wirft die Sachen wie gewohnt auf die Waschmaschine. Sie hört es am Klang der Gürtelschnalle, die auf das Metall schlägt. Die Toilettenspülung rauscht. Klaus stolpert, nur mit Unterhemd und Unterhose bekleidet, ins Zimmer. Es kommt, wie es Gracieta befürchtet hat.

»Kaum gehe ich mal ein Bier trinken, und schon spionierst du mir nach. Und ich muss mir von meinen Kumpels anhören, dass ich vor einer Polenschlampe wie dir kusche«, meckert Klaus los. »Ich habe dich verteidigt, und dem Rolf eine geknallt«, gibt er sich überraschend schnell versöhnlich.

Aus Gracieta aber bricht ihre ganze Empörung und Enttäuschung heraus. »Brauchst mich gar nicht anzusprechen. Ich weiß genug, hab doch Frauenstimmen gehört. Musst du die Weiber alle ficken. Mir reicht es, ich mache Schluss. Warum stinkst du denn eigentlich so nach Benzin?«

»Hab mir die Hände mit Benzin vom Moped abgewischt, waren dreckig«, sagt er knurrig und ist gewillt, weiterem Streit aus dem Weg zu gehen. »Außerdem habe ich nichts gemacht bei Mattala, kannst du ruhig glauben«, brabbelt er. »Weck' mich nicht. Ich habe die letzten Tage genug geschuftet. Morgen mache ich auf Assi.« Mit diesen Worten verschwindet er im Schlafzimmer.

Gracieta raucht eine weitere Zigarette und legt sich zu Klaus ins Ehebett. Sie nimmt einen üblen Geruch wahr, ein Gemisch aus Bier, Zigaretten, billigem Fusel, Benzin und was sonst noch. Zum Glück ist das Fenster geöffnet.

Als Gracieta Bäcker am nächsten Tag nachmittags von der Arbeit kommt, ist Klaus verändert. Er hat die Kleine aus dem Kindergarten geholt, seine Hose gewaschen und im Bad auf die Leine gehängt. Ihr fällt auf, dass er ruhiger ist als gewöhnlich. Gracieta kommt es vor, als bedrücke ihn etwas. Ihn scheint das schlechte Gewissen zu plagen, vermutet sie. Sie will ihn zappeln lassen. Zu groß noch ist der Ärger über die »Sauftour« von letzter Nacht und das Herumgemache mit einer anderen Frau. Das Misstrauen nagt weiter an ihr. Sie redet kaum mit ihm, obwohl er ihr komisch vorkommt. Dann gewinnt im Widerstreit der Gefühle die mütterliche Sorge in ihr die Oberhand. Gracieta legt dem Mann die Hand auf die Stirn. »Du hast Fieber«, stellt sie fest.

»Ja, mir ist ganz komisch, bin heute sogar mal umgefallen. Ich gehe morgen zum Arzt. Ich liebe dich«, antwortet er.

Überraschend schnell gibt Klaus ihrem Drängen nach, sofort einen Arzt aufzusuchen. Der merkwürdige Gestank von letzter Nacht ist zwar verschwunden, dafür weht ihr eine Knoblauchfahne entgegen.

»Der wollte sich wohl mit Knoblauch kurieren«, schüttelt sie verwundert den Kopf.

Am nächsten und übernächsten Tag geht es Klaus Stange noch immer nicht besser. Der Arzt hat ihn wegen Grippe für den Rest der Woche krank geschrieben. Klaus schleppt sich dahin, wirkt auf Gracieta irgendwie ängstlich.

Am Sonnabend nimmt er seine Lebenspartnerin in den Arm. »Ich werde nach Mehran fahren, lasse dort meine Alkoholkrankheit kurieren. Nur dort kann ich mich entspannen und zur Ruhe kommen.«

Die Frau wirkt überrascht, obwohl sie die Vergangenheit ihres Partners in groben Zügen kennt. Dass er im Gefängnis saß und unter Alkoholeinfluss mehrfach Mist gebaut hat. Und dass er nach seiner Haftentlassung schon einmal in der Suchtklinik in Meran zu zwei Beruhigungswochen als Schnupperkurs für Entwöhnungswillige war. Seitdem hat er sich zusammengenommen und nicht mehr übermäßig viel Alkohol getrunken. Er hatte sich im Griff, war lustig und liebesbedürftig. Grund zur Sorge bestand für sie nicht. Und nun will er urplötzlich wieder in die Klinik, in der er sich gefühlt hatte wie im Gefängnis bei all den Verboten, Kontrollen und Einschränkungen, die dort herrschten?

Am Sonntag gerät das Wohngebiet am Garagenkomplex »Schrebergarten« in Aufregung, als Polizei- und Krankenwagen heranrasen, die Feuerwehr kommt, der Garagenkomplex abgesperrt wird. Für Klaus Stange ist der Zeitpunkt gekommen, zu verschwinden. Von Mehran und der Suchtklinik ist allerdings nicht mehr die Rede.

»Ich habe mich ja mit dem Mattala geprügelt. Wenn das durch die Polizei untersucht wird, kommt noch mehr heraus, wo ich doch unter Bewährung stehe«, erklärt er seiner Lebensgefährtin. Er schreibt ihr eine Vollmacht aus zum Empfang des Geldes, das ihm noch aus dem zweiten Arbeitsverhältnis bei einem Wohnungsunternehmen zusteht. Er steckt sich Scheckvordrucke für das Konto bei der Sparkasse ein und legt die Papiere für sein Moped, das vor dem Haus auf dem Parkplatz steht, im Flur auf das Schränkchen.

»Kannst du verkaufen«, sagt er, drückt Gracieta und die kleine Tochter und verlässt die Wohnung Richtung Bahnhof.

Gracieta eilt ihm nach. Sie versucht vergeblich, ihn zum Dableiben zu überreden. »Wegen einer Prügelei muss man doch nicht davonlaufen.«

Es hilft nichts. Sie trinken in der Bahnhofsmitropa noch jeder ein Bier, dann steigt Klaus Stange in den Zug nach Erkner bei Berlin. Er winkt seiner Lebensgefährtin zu, dann ist er verschwunden.

Um zwei Stunden später daheim wieder aufzutauchen. »Du warst so traurig auf dem Bahnhof. Da kann ich euch doch nicht einfach so verlassen.« Gracieta und Klaus lieben sich noch einmal in dieser Nacht.

Am Montag klingelt wie immer morgens um vier Uhr der Wecker, wenn Klaus Frühschicht hat. Er kocht Kaffee für beide und verabschiedet sich mit einem Küsschen von seiner Partnerin. »Mach's gut, und schlaf noch ein wenig.«

Stunden später klingelt die Polizei bei Gracieta Bäcker an der Wohnungstür. Sie sucht nach Klaus Stange. An seinem Arbeitsplatz im Kühlbetrieb war er nicht. Er ist verschwunden.

Klaus Stange ist für die Polizei kein unbeschriebenes Blatt. Vier Verurteilungen weist sein Strafregister auf. Seit einem Jahr ist er wieder auf freiem Fuß dank eines Amnestieerlasses des Staatsrates der DDR. Wegen schwerer Körperverletzung und Diebstahls war er erst im Mai 1987 zu drei Jahren Gefängnis verurteilt worden. Er steht wegen zuvor begangener schwerer Straftaten unter staatlicher Aufsicht, weil er aus diesen offensichtlich keine Lehren gezogen hat. Als bei den Ermittlungen zur Aufklärung des Mordes an Sabine Puffer der Name Stange auftaucht, läuten bei Leutnant der K Bernd Schwarze von der MUK die Alarmglocken. Stange ist sein »Schützling«, den er gemäß Gerichtsbeschluss zu beaufsichtigen hat, um seine Wiedereingliederung durch staatliche Kontrollmaßnahmen zu unterstützen. Vor allem das Verbrechen von Stange aus dem Jahr 1981 wiegt schwer.

Rückblende in das Jahr 1981. Für Marlies Kluge beginnt der 27. Oktober 1981 harmlos. Die junge Frau hat ihr Kind in die Krippe nach Güstrow gebracht und ist gerade wieder in die Wohnung zurückgekehrt, als es gegen zehn Uhr an der Tür klingelt. Klaus Stange fragt, ob er nicht mal am Abend auf einen Plausch vorbeikommen könnte. Die beiden jungen Leute kennen sich vom Sehen, was in dem kleinen 500-Seelen-Ort, in dem sie wohnen, nicht ungewöhnlich ist. Am Vortag hatten sie bei einem Gespräch mit der Nachbarin ein paar Worte miteinander gewechselt und sich sympathisch gefunden. Marlies Kluge wohnt noch nicht lange im Ort. Ihr Mann ist bei der Armee, und sie sucht Anschluss im Dorf. Klaus ist wie sie 20 Jahre alt und verheiratet. Auch er ist mit seiner Frau und dem Kind ein Zugezogener. »Vielleicht könnten unsere Familien Freundschaft miteinander pflegen. Das wäre doch schön und für mich nicht mehr so langweilig«, denkt sich Marlies. Sie verabreden sich für abends um halb acht. Klaus aber scheint es eilig zu haben. Er steht schon um sechs vor der Tür, in normaler Straßenbekleidung, aber mit Gummistiefeln an den Füßen, als wäre er direkt aus dem Kuhstall gekommen, in dem er arbeitet. Marlies ist es peinlich, dass sie noch nicht umgezogen ist und nun ihren Gast in der Kittelschürze empfangen muss. Doch wegschicken will sie ihn auch nicht. Das Gespräch ist unverfänglich. Man unterhält sich bei einem Kartenspiel über die Ehepartner und die Kinder und das etwas eintönige Leben im Dorf.

Es ist gegen 20 Uhr, als Marlies aufsteht. »Klaus, wir sollten uns jetzt trennen. Ich kann ja mal bei euch vorbeikommen. Jetzt will ich ins Bett gehen.«

Verwundert schaut der junge Mann auf die Uhr. »Was denn, jetzt schon?«

»Ja klar, die Kleine wird nachts noch wach, und morgen muss ich früh wieder raus.«

Marlies begleitet ihren Gast zur Tür und ist völlig überrascht, als er sie auf den Arm nimmt, aus dem Flur zurück ins Wohnzimmer trägt und auf die Couch legt. Was folgt ist ein Alptraum für die zierliche junge Frau, der sie noch monatelang verfolgt. Sie droht und schreit und wehrt sich gegen die Vergewaltigung und hat doch keine Chance gegen den 115-Kilo-Mann, der auf ihr liegt. Marlies Kluge durchlebt Todesängste angesichts ihrer Hilflosigkeit und der Morddrohungen, die ihr Peiniger ausstößt.

Als Nachbarn, die die Schreie gehört hatten, ihr am nächsten Tag Mut zusprechen, erstattet sie Anzeige bei der Polizei. Vor Gericht bestreitet Stange den Geschlechtsverkehr nicht, behauptet allerdings, dass er einvernehmlich stattgefunden habe. Warum er dann aber Tage später erheblich betrunken einer völlig unbeteiligten Frau damit droht, dass er sie als ›Hure durchs Dorf schleifen werde, dass sie sich nicht wiederfinden würde, wenn sie gegen ihn vor Gericht aussagen würde‹, kann er nicht erklären.

13. November 1987. Angst treibt Klaus Stange an diesem Sonntag mit dem aufsehenerregenden Polizeieinsatz weg aus Frankfurt (Oder) und hinein in die Anonymität von Berlin. Er braucht nach seinem überstürztem Verschwinden Geld und Kleidung. Mit zwei Barschecks über je 500 Mark sorgt er für ausreichend »Kleingeld« im Portemonnaie. Stange kleidet sich im Centrum-Warenhaus am Alexanderplatz und in einem Ladengeschäft der HO-Bezirksdirektion Industriewaren für 550 Mark ein. Dass die Ausgaben den aktuellen Kontostand beträchtlich übersteigen, ist seine geringste Sorge. Die kleinsten Ausgaben bei diesem Einkaufsbummel auf Pump sind die paar Groschen für eine Straßenverkehrskarte der DDR und die Hauptstadtzeitung »BZ«. Gründlich studiert er die Wege entlang der Grenze, markiert auf der Karte all jene Stellen, die ihm für eine Flucht nach Polen geeignet erscheinen. Eine Stelle in der Uckermark bietet sich für einen illegalen Grenzübertritt besonders an, denn offizielle Grenzübergänge scheiden aus.

Der Plan fällt im wahrsten Sinne des Wortes ins Wasser Fluss. Durch den kalten Fluss zu schwimmen, das schreckt ihn ab. Die »BZ« hat er gekauft, um aufzuklären, ob der Polizeieinsatz am Garagenkomplex »Schrebergarten« inzwischen auch außerhalb von Frankfurt (Oder) eine Rolle spielt. In der »BZ« aber findet sich nicht die kleinste Notiz.

Klaus Stange schlägt die Zeit in Berlin auf dem Alex tot, zieht durch Cafés, Gaststätten und am Abend durch zwei Nachtbars. Am Morgen macht er sich in einer Toilette am S-Bahnhof Alexanderplatz frisch und verstaut seine Sachen in einem Schließfach. Er ist ratlos. An einem Imbissstand vor dem Bahnhof genehmigt er sich einen heißen Tee und sinniert über die nächsten Schritte. Die drei Männer, die sich nähern, registriert er in seiner angespannten Gedankenwelt nicht. Erst als sie sich als Polizisten ausweisen, ist ihm klar: Die Flucht hat ein Ende. Alles ist zu Ende! Widerstandslos lässt sich Stange ins Revier der Transportpolizei führen. Die Kunden am Kiosk bekommen von dem Zwischenfall nichts mit.

Auf der Fahrt von Berlin nach Frankfurt (Oder) verlieren die Polizisten kein Wort, egal, was Klaus Stange sie auch fragt. Es gehe »um die Klärung eines Sachverhalts in Frankfurt (Oder)«, hat man ihm gesagt. Sonst nichts. Die Stille wirkt bedrohlich.

In der Bezirksbehörde der Volkspolizei beginnt nach der erkennungsdienstlichen Aufnahme mit Fotografieren, Fingerabdrücke abnehmen und der gerichtsmedizinischen Untersuchung um 21.18 Uhr die Vernehmung von Klaus Stange. Einer der beiden Vernehmer ist Leutnant Bernd Schwarze, sein staatlicher Betreuer. Er und Oberleutnant Richard Bucke, der andere, mit dem Verhör beauftragte Ermittler der MUK, nehmen dem Verdächtigen schnell die Hoffnung, dass es nur um die Schlägereien an jenem Abend unter den Skatbrüdern geht oder um eine vorangegangene Prügelei mit einem Arbeitskollegen, von dem inzwischen eine Anzeige gegen Stange wegen Körperverletzung vorliegt. Was in Mattalas Wohnung und später in der Nacht passiert ist, will Stange mit wenigen Sätzen abtun. »Wir wollten bei einem Arbeitskollegen Skat spielen. Bänder, Mattala, Manni Hauser und ein Mädel – den Namen weiß ich nicht – waren dabei. Die hat Bänder an der Straßenbahnhaltestelle aufgegabelt. Und dann kam auch noch Frau Bäcker vorbei.«

»Was ist noch zu sagen?«, wird er von Oberleutnant Bucke gefragt.

»Eigentlich nichts mehr. Ich weiß nicht, was da passiert ist. Ob dem Mattala was passiert ist, weiß ich nicht.«

Die Vernehmer lassen nicht locker. »Was ist dann passiert?«

»Na, geprügelt. Ich war ganz schön besoffen. Wir hatten eine große Flasche Schnaps auf Arbeit, dann im ›Haus des Handwerks‹ und in der Wohnung von Mattala zwei große Flaschen getrunken.«

Leutnant Schwarze schaltet sich ein. »Wir kennen uns lange genug. Du solltest uns die Wahrheit sagen. Wir können dir nur helfen, wenn die Wahrheit auf den Tisch kommt«, redet er Stange ins Gewissen.

Doch dessen Gedächtnis will nicht funktionieren. »Das weiß ich selbst nicht. Wenn ich früher gesoffen hatte …« Pause. Dann weiter: »Mal saufe ich, und es macht klick. Ich war schon zum Arzt, zum Gutachten. Ich weiß auch nicht, was es ist. Ich wusste dann auch nicht bei den Straftaten, was da passiert war. Wegen dem Suff.«

Hin und her geht es. Bis zur Skatrunde bei Mattala funktioniert die Erinnerung gut, danach umso schlechter. Bis zu jenem Moment, als ihm die Vernehmer eröffnen: »Wir haben die anderen dazu vernommen.«

Stange schweigt lange, bis er gesteht, dass er mit Sabine Puffer in der Garage war, dass er ihren nackten Körper an den intimsten Stellen befummelt hat, weil er zum Sex nicht fähig war, dass er sie am Hals hochgezogen und geschlagen hat und dass dann überall Blut war. »Ich verstehe das alles selbst nicht, was da passiert ist. In der Garage bin ich dann irgendwann im Kopp klar geworden. Ich bin weggelaufen wie ein Bekloppter.«

Wie es zu den grausamen Verletzungen kam, zum Aufschlitzen des Bauches – selbst nach vielen Vernehmungen gibt es darauf keine schlüssigen Antworten. Die Kriminalisten zweifeln am Erinnerungsverlust des Beschuldigten über weite Strecken des Tatherganges. Sie sind sich allerdings einig, dass Stange zu den besonders Gefährlichen gehört. Das Massaker in der Garage spricht dafür, aber auch vieles andere im bisherigen Leben des 27-jährigen Mannes, einem Dasein mit vielen Tiefpunkten und kaum Höhenflügen, mehr Abnormalem als Normalem.

Der in Parchim geborene Junge hat von seiner Kindheit nur wenig in Erinnerung, und das Wenige ist schlecht. Der Vater ist Traktorist in der örtlichen LPG, die Mutter Tierpflegerin. Zu Hause wird nebenbei noch Ackerbau und Viehzucht betrieben. Jede Hand wird gebraucht, viel zu oft auch die von Klaus und seinen Geschwistern. Als Lohn setzt es mehr Hiebe als Liebe. Neben erlebter Gewalt bekommt er vermittelt, dass Alkohol ein Grundnahrungsmittel ist, nach dessen Genuss sich Probleme leichter lösen lassen. Wen wundert es, dass der Junge leicht für üble Streiche zu begeistern ist. Eier zu zerschlagen gehört zu den Untaten der leichten Sorte, Ziegen mit Altöl anzumalen ist schon heftiger. Hühnern die Köpfe abzuhacken hätte andere Konsequenzen erfordert als die Tracht Prügel mit der väterlichen Hand und dem, was sich gerade in dieser befand. Die Flecken auf seiner Haut ähneln nach derartigen Torturen denen der angemalten Ziegen. Schule und Nachbarn sehen es und sehen am Ende doch weg. Der heranwachsende Junge beginnt, sich zu wehren mit jenen Mitteln, die er schmerzhaft am eigenen Leibe zu spüren bekommen hat. Es kommt zu Schlägereien zwischen Vater und Sohn, zuletzt mit dem Messer in der Faust. Beim ersten Vollrausch ist er knapp 13 Jahre alt. Er trinkt regelmäßig mit älteren Bekannten und in Gaststätten, um den Verhältnissen im Elternhaus zu entfliehen. Dass Klaus nur den Abschluss der 7. Klasse schafft, verwundert nicht, dass er mit 17 von zu Hause wegrennt, ist wie ein Hilfeschrei. Er hält es auf keiner Lehr- und Arbeitsstelle lange aus, auch nicht bei seiner Frau, die er mit 18 Jahren geheiratet hat, und dem gemeinsamen Kind. Fremdzugehen ist für ihn selbstverständlich. In seinen Kreisen ist Stange der »King«. Und als solcher fühlt er sich. Von Kollegen wird ihm ob seiner Wutanfälle der Spitzname »Totschläger« verpasst. 1982, mit 21 Jahren, landet er nach der Vergewaltigung von Marlies Kluge im Oktober 1981 das erste Mal im Gefängnis. Drei weitere mehrjährige Haftstrafen folgen, alle verhängt, weil Stange in der jeweils kurzen Zeit in Freiheit Probleme nur auf eine Art zu lösen versteht: mit der Faust. Mit Alkohol und Tabletten bekämpft er seine Schmerzen – die psychischen durch die Kindheit ohne Liebe und Geborgenheit. Und die in seinem Kopf, die ihn seit einem Schädelhirntrauma nach einem Sportunfall plagen.

Als er im Oktober 1987 am Tag seiner jüngsten Haftentlassung Gracieta Bäcker kennenlernt, scheint sein Leben endlich ein Fundament zu bekommen. Dass sie elf Jahre älter ist und fünf Kinder hat, stört ihn nicht. Er steht auf ältere Frauen, »die haben nicht so viele Flausen im Kopf«, verteidigt er seine zu jener Zeit ungewöhnliche Partnerschaft gegenüber jedermann. Der Balken, mit dem Klaus Stange seinem bisherigen Leben eine Grenze setzen will, ist allerdings zu dünn und zersplittert unter der Wucht der Ereignisse in der Nacht vom 8. zum 9. November 1987.

Als am 16. November 1987 Haftbefehl gegen Klaus Stange wegen der Ermordung von Sabine Puffer erlassen wird, ist das für die Haftanstalt Frankfurt (Oder) mit der Auflage verbunden, beim Untersuchungshäftling Stange besonders wachsam zu sein. Dabei, so wird sich später herausstellen, werden elementare Regeln einer menschenwürdigen Unterbringung verletzt. Er wird in eine Zelle eingewiesen, die für einen kurzzeitigen disziplinarischen Arrest vorgesehen ist. Sie ist mit dreieinhalb Quadratmetern Fläche abzüglich des fest installierten Wandtisches und ständig heruntergeklappten Bettes kaum halb so groß wie die in Deutschland festgelegte Mindestfläche eines Hundezwingers. Einem großen, kräftigen Mann mit 115 Kilogramm Körpergewicht muss sie noch um einiges beengter vorkommen. Freigänge mit anderen Häftlingen gibt es nicht. Er muss seine Runden allein in einem käfigartigen Geviert drehen.

Die Staatsanwaltschaft ordnet die forensisch-psychiatrische Untersuchung von Klaus Stange in der psychiatrisch-neurologischen Klinik des Haftkrankenhauses Klein Meusdorf der Strafvollzugseinrichtung Leipzig an. Stange hat einer solchen Untersuchung zugestimmt, ausdrücklich aber einer Begutachtung in einer Klinik durch Angehörige des Strafvollzuges oder durch Personen, die dem Ministerium des Innern der DDR unterstehen, widersprochen. Er hat an die Klinik in Leipzig-Meusdorf schlechte Erinnerungen. Als er dort früher während der Verbüßung von Haftstrafen wegen seiner anhaltenden Kopfschmerzen eingewiesen war, hätte man ihn mit Tabletten vollgestopft und wochenlang mehrmals am Tag mit Spritzen in den Nackenbereich behandelt und so von Medikamenten abhängig gemacht, ist seine Begründung.

Die Behörden in Frankfurt (Oder) lassen die Einwände nicht gelten. Sie täuschen ihn mit dem Versprechen einer

Untersuchung in Berlin und transportieren den Häftling in Hand- und Fußfesseln dennoch und gegen seinen Willen nach Leipzig. Er verweigert in Meusdorf, wo er mit zehn psychisch Kranken untergebracht ist, zunächst jegliche Mitwirkung. Erst nach wochenlanger Überzeugung durch einen Klinikarzt stimmt er im September der Begutachtung seines Gesundheitszustandes und der Schuldfähigkeit bei der Tat zu. Die Skepsis aber bleibt, zumal nicht der Klinikarzt ihn untersucht, zu dem er Vertrauen gefasst hat, sondern ein leitender Mediziner der Einrichtung. Der Krankenhausaufenthalt endet mit einem Eklat.

Während der mehrfachen Konsultationen und Gespräche mit dem Gutachter war bei Stange der Eindruck entstanden, dass er mit verminderter Zurechnungsfähigkeit durch den von ihm vermuteten Medikamentenmissbrauch in Kombination mit erheblicher alkoholischer Beeinträchtigung rechnen kann.

Beim Abschlussgespräch aber kommt, was Stange nie für möglich gehalten hat. Der Arzt attestiert ihm, dass er für die Grausamkeiten in der Garage uneingeschränkt schuldfähig ist und strafrechtlich alle Konsequenzen tragen müsse. Eine Medikamentenabhängigkeit liege nicht vor, sondern lediglich ein Tablettenmissbrauch, für den er selbst verantwortlich sei. Stange kann kaum noch an sich halten, und als der Arzt dann auch noch abstreitet, dass ein von ihm an seinen Verteidiger gerichteter Brief, der dort nie angekommen war, durch das Klinikpersonal kontrolliert und nicht weitergeleitet wurde, verliert er jede Beherrschung. Stange versetzt dem Arzt über den Schreibtisch hinweg einen Schlag mit der flachen Hand ins Gesicht und donnert ihm danach von oben die Faust auf den Kopf. Prellungen, Schwellungen und Hämatome sind die Folge. Der Arzt wird für vier Tage in das Lazarett der

Nationalen Volksarmee in Leipzig zur stationären Behandlung eingewiesen.

Die Verweigerung der Paragrafen 15 oder 16 des Strafgesetzbuches, in denen die verminderte Schuldfähigkeit oder die Unzurechnungsfähigkeit in Gesetzestexte gegossen sind, haben offensichtlich bei Klaus Stange Gedächtnislücken geschlossen. Nach dem Rücktransport aus Leipzig in die Frankfurter Untersuchungshaftanstalt bittet er um eine erneute Vernehmung. »Ich habe bei der Polizei und auch beim Psychiater nicht die Wahrheit gesagt«, beginnt er sein neues Geständnis. Ist es endlich die ganze Wahrheit?

Der Fall nimmt eine überraschende Wendung.

Der 8. November 1988 beginnt nicht gut für Klaus Stange. Als morgens um vier Uhr der Wecker klingelt, brummt ihm der Schädel. Die vielen Doppelschichten der letzten Wochen sind auch an dem kräftigen 27-jährigen Mann nicht spurlos vorübergegangen. Zudem plagen ihn Zahnschmerzen. Das Aufbohren eines Zahnes und die Füllung zur Abtötung des Nervs durch den Zahnarzt zeigen keine Wirkung. Die vier bis fünf Acesal-Schmerztabletten, die er sich innerhalb kurzer Zeit eingeworfen hat, bringen keine Linderung. In der Arbeitspause morgens um neun Uhr »frühstückt« er deshalb eine große Flasche »Juwel-Klarer«. Die Betäubung hält bis Mittag, dann leert er gemeinsam mit dem Kollegen Mattala eine weitere Flasche »Klaren« und löscht den Durst mit zwei große Flaschen Bier. Nach Schichtschluss am späten Nachmittag legt Stange gemeinsam mit Jürgen Bänder im »Haus des Handwerks« einen Zwischenstopp ein, bei dem sechs doppelte Schnäpse nachgetankt werden, bevor sich wie verabredet bei Mattala die Skatrunde trifft. Mit dabei ist für Klaus Stange überraschend eine Frau, die sich Kollege Jürgen auf dem Weg von der Straßenbahnhaltestelle an seine Seite gezogen hatte. Stange, der sich im Laufe des Abends von seiner Oberbekleidung trennt und nur noch im Unterhemd am Tisch sitzt, spürt das Interesse der hübschen jungen Frau an ihm und seinen bunten Tätowierungen an Armen und Oberkörper. Er genießt diese Aufmerksamkeit der nicht unattraktiven Blondine.

Der Kontrollbesuch von Gracieta Bäcker und deren Beleidigung als »Polenschlampe« mit anschließenden Handgreiflichkeiten haben die Stimmung getrübt. Als sich gegen 23 Uhr die Skatrunde auflöst und sich Gastgeber Mattala und Stange auf der Straße noch in Schubsereien und Schlägen messen, verschwindet das spätere Opfer mit Manfred Hauser, dem vierten Herrn der Runde, im Dunkeln der Nacht. In Klaus Stange kocht es. »Da gibt man sich mit dem Weib ab, und dann bumst sie ein anderer«, besetzt verletzte männliche Eitelkeit seine Gedankenwelt. Statt zur eigenen Wohnung und zu Gracieta zieht es ihn in die entgegengesetzte Richtung. An der Straßenbahnhaltestelle entdeckt er das entschwundene Paar. Der »King« untermauert bei Hauser mit ein paar Schlägen seine Besitzansprüche an der Frau. Hauser trollt sich, und Sabine Puffer schnappt sich Klaus und dessen bunte Körperbemalung. »Komm mit«, fordert sie und hängt sich bei ihm ein. An den Weg, den sie nehmen, kann sich Stange später nicht mehr erinnern, nur noch an die Garagen. »Mach das Ding auf, wir gehen hier rein«, bestimmt seine Begleiterin.

Das Holztor der Garage mit der Nummer 142 bereitet ihm keine Probleme, wohl aber die unverblümt geforderte Befriedigung der Bedürfnisse der jungen Frau. Während Stange die Garagenbeleuchtung mit einem Stück Stoff abdunkelt, lässt Sabine die Jeanshose samt Schlüpfer fallen. Die gute Figur erregt ihn, in seiner Hose regt sich aber auch dann noch nichts, als die Frau vor ihm kniet und sie öffnet.

Das ist ihm peinlich. Forsch weist er die Begehrliche von sich.

Sabine Puffer guckt ungläubig. »Was soll das? Erst willste, dann kannste nicht«, beschwert sie sich.

Klaus bemüht sich, die Wünsche der Geliebten für eine Nacht auf andere Art zu erfüllen, weil ihn das ohnehin mehr erregt als der reine Geschlechtsakt. Indes, es gelingt nicht. Er hört die Worte »Schlappschwanz« und »Niete« und »die Polenhure kannst du ficken«.

Bei Klaus Stange setzt der benebelte Verstand aus. »Polenhure, das war die schlimmste Beleidigung für mich. Das war schlimmer als Messerstiche«, gesteht er. Er greift seinem Opfer mit der linken Hand an den Hals und gibt ihm »ein, zwei Dinger« auf den Kopf. »Ich schlage immer auf den Kopf, wenn ich in Rage bin.« Wutentbrannt schleudert er die Frau von einer Ecke der Garage in die andere. Sabine Puffer knallt mit dem Kopf gegen die Wand und sackt stöhnend zusammen.

Klaus Stange entdeckt hinter dem Auto, als solches nimmt er den Wohnwagen wahr, eine halbvolle Schnapsflasche, öffnet den Schraubverschluss und »dreht sie sich in den Hals«, wie er das Einkippen der Flüssigkeit in den Mund beschreibt. Plötzlich spürt er einen brennenden Schmerz, der ihm die Luft nimmt. Er kann nicht mehr schlucken, der Rest Flüssigkeit rinnt ihm aus dem Mund. Stange schmeckt – Benzin. Wie von Sinnen schleudert er die Flasche nach der am Boden liegenden Frau. Das Wurfgeschoss prallt an die Wand und den Kopf des Opfers. Klaus Stange sackt zusammen. In seinem Kopf beginnt sich ein Karussell zu drehen. Schnell und immer schneller. Ihm ist, als wenn er abhebt vom Boden und schwebt. Es ist ein richtig schönes Gefühl. Er wird müde. Wie im Kino läuft ein Film ab, er liegt im Bett und ist Akteur in einem Porno voller Gewalt. Er spielt mit den Brüsten der Frau, greift ihr in Körperöffnungen, hat plötzlich eine Flasche in der Hand und führt sie in die Vagina ein. Er hört ihr Stöhnen und deutet es als Wollust, ganz wie in den Filmen, die auch in der DDR unter der Hand zu haben sind. Stange fällt in einen komaähnlichen Schlaf.

Als er aufwacht, fühlt er zunächst Feuchtes zwischen den Fingern. Er sieht das Blut auf dem Fußboden und auf dem Unterleib, die herumliegenden Glasscherben und begreift nicht, warum das alles so ist. Er torkelt nach draußen, dreht dabei noch die Glühbirne aus der Fassung, will nichts sehen von all dem Schrecklichen. Und doch: Es treibt ihn unwiderstehlich zurück in das jetzt Dunkle der Garage. Er zündet Streichhölzer an und schmeißt sie nach dem Abbrennen achtlos weg. Kurze Stichflammen entzünden sich und verlöschen. Draußen, zwischen Würgen und Erbrechen, sucht er nach einem Ausweg. »Ich muss die Bude abfackeln«, schießt es ihm durch den Kopf. In einer der Garagen findet sich ein Kanister. Der ist leer. Er schmeißt ihn achtlos weg und irrt weiter durch das Labyrinth der immer gleich aussehenden Autobehausungen. Zurück zum Ort des Verbrechens findet er nicht und haut ab. Unterwegs bemerkt Stange die Tasche der Toten in seiner linken Hand. Er versteckt den Inhalt in Gullys, im Gebüsch oder wirft ihn achtlos weg: ein Buch mit Fahrscheinen, einen Schlüssel, den Betriebsausweis der Toten, das SV-Buch mit dem Namen »Sabine Puffer«.

Daheim angekommen weicht er im Bad seine blutigen Sachen ein, geht Diskussionen mit seiner Lebenspartnerin aus dem Weg und verschwindet im Schlafzimmer. Am nächsten Tag zerschneidet er seine Schuhe, die er in der Nacht getragen hat, und wirft die Schnipsel auf dem Gang zum Arzt weg. Den Benzingeruch aus dem Mund bekämpft er mit Knoblauchzehen, die Erinnerung an das von ihm angerichtete Blutbad mit Alkohol und Tabletten. »Ich wollte die doch nicht tot machen. Ich habe doch gar nicht daran gedacht«, beteuert er wieder und immer wieder.

Ist das die Wahrheit, oder hat sich Klaus Stange, der über Erfahrungen im Umgang mit Polizei, Justiz und Strafvollzug verfügt, die ganze Geschichte nur ausgedacht in den Wochen und Monaten der Untersuchungshaft für den Fall, dass ihm Alkohol- und Medikamentenkrankheit als Milderungsgrund nicht abgenommen werden? Warum erst jetzt dieses Geständnis und nicht schon früher?

»Welcher Mann gibt denn schon zu, dass er beim Ficken versagte«, fragt er zurück. »Wer hätte mir geglaubt, dass ich mit der Pulle nicht absichtlich zugeschlagen habe? Und dann die Sache mit dem Benzin. Das hätte mir doch niemand abgenommen. Ich habe noch nie gehört, dass einer Benzin trinkt«, sagt er. »Wenn ich gewusst hätte, dass es Benzin ist, hätte ich es nie geschluckt. So wat saufe ich doch nicht. Höchstens Feuerschlucker machen so was.«

Die Staatsanwaltschaft gibt nach dieser überraschenden Darstellung zwei neue Gutachten in Auftrag. In der Zentralklinik für Psychiatrie und Neurologie »Wilhelm Griesinger« Berlin wird Stange erneut psychiatrisch untersucht, um seine Schuldfähigkeit unter den neuen Gesichtspunkten festzustellen. Im Institut für Gerichtliche Medizin Frankfurt (Oder) geht es um die Fragen, welche toxische Wirkung durch das Trinken von Benzin verursacht wird, was die Aufnahme einer gleichen Menge von Alkohol beim Tatverdächtigen bewirkt hätte und ob der Tod bei Sabine Puffer bereits durch die Schläge mit der Faust und das Würgen am Hals, also den Misshandlungen vor dem Trinken des Benzins, eingetreten sein könnte.

Das Gutachten der Gerichtsmedizinerinnen, jener, die auch am Tatort waren und die Leiche von Sabine Puffer obduziert hatten, entlastet Klaus Stange. Eine schwere Benzinvergiftung führe nach einem leichten Erregungszustand zu tiefer, eventuell mit Krämpfen verbundener Bewusstlosigkeit. Nur durch Stanges Gewicht von 115 Kilogramm sei die aufgenommene Menge nicht tödlich gewesen. Von »Schnüfflern« sei bekannt, dass der anfänglichen Erregung mit Unruhe und Herzrasen ein Rausch folgt mit Halluzinationen Optische und akustische Reize werden intensiv, aber in der Wahrnehmung umgestaltet aufgenommen. Dem Rausch folgt die Phase der Entspannung, die vielfach in Schlaf mündet. Angesichts der am Tattag von Stange konsumierten Schnaps- und Biermenge wäre ein Rauschzustand auch dann eingetreten, wenn der Beschuldigte statt Benzin die gleiche Menge Schnaps der Marke »Goldbrand« in sich hineingeschüttet hätte. In beiden Fälle, so die Schlussfolgerung der Expertinnen, sei er nach dem Austrinken des Flascheninhaltes nicht mehr Herr seiner Sinne und für diese Phase des Tatgeschehens unzurechnungsfähig gewesen.

Die Frage, ob das Opfer bereits nach den Faustschlägen und durch das Würgen am Hals tot war, können auch die Fachärztinnen nicht eindeutig beantworten. Das lasse sich anhand der Sektionsbefunde nicht sicher beweisen. Die Schnittverletzungen am Bauch, Unterleib und Beinen seien ihr noch zu Lebzeiten, aber möglicherweise bereits in der Sterbephase zugefügt worden.

Zu nahezu identischen Feststellungen kommt die psychiatrische Sachverständige in Berlin. Beim Beschuldigten vorhandene, auch ausgefallene sexuelle Wünsche flossen bei der Tat mit ein, schätzt die Ärztin ein. Die Rohheit seines Vorgehens ist durch den Rausch bestimmt worden und nicht durch die Überlegung, das Opfer auf diese Art zu töten. Für diese Phase der Tat ist er unzurechnungsfähig gewesen, wird in dem Gutachten festgestellt. Für das Schlagen mit der Faust und das Würgen am Hals müsse man von einem Affekt zweiten Grades und damit von verminderter Schuldfähigkeit ausgehen. Der Alkohol habe dabei sicher eine Rolle gespielt, vor allem aber die von ihm als schwerste Beleidigungen und Kränkungen empfundenen Bezeichnungen wie »Schlappschwanz«, »Niete« und »Polenhure« hätten Stange hochgradig erregt.

Aufgrund der Gutachten verfügt die Staatsanwaltschaft Frankfurt (Oder) Ende Mai 1990 die Einstellung der Ermittlungsverfahren gegen Klaus Stange wegen Mordes oder Totschlags wegen Schuldunfähigkeit gemäß Paragraf 15 des StGB der DDR ein. Sie klagt ihn nur noch wegen vorsätzlicher schwerer Körperverletzung an Sabine Puffer, an dem Mediziner des Haftkrankenhauses Leipzig-Meusdorf und einem weiteren Geschädigten sowie wegen Betruges an.

Nach neun Verhandlungstagen im Oktober und November 1990 verurteilt das Bezirksgericht Frankfurt (Oder) Klaus Stange wegen Körperverletzung und Betrugs zu einer Gesamtstrafe von neun Monaten Freiheitsentzug. Ihm wird bei seinen Taten verminderte Schuldfähigkeit zuerkannt, weil er in Affekten unterschiedlicher Stärke gehandelt hat. Die Staatsanwaltschaft hatte ein Jahr und zehn Monate Freiheitsentzug und eine Geldstrafe, die Verteidigung eine Geldstrafe von höchstens 300 D-Mark als schuldangemessen gefordert.

Der brutale Mord hat für ihn strafrechtlich keine Konsequenzen.

Klaus Stange verlässt als freier Mann den Gerichtssaal.

DER MISSBRAUCHTE MÖRDER

Am 3. Dezember 1979, exakt um 13.52 Uhr, klingelt beim Diensthabenden Offizier im Volkspolizei-Kreisamt Eberswalde das Telefon. Der Rentner Artur Vratz meldet, dass er im Buchenwald hinter dem »Hagen«-Denkmal eine Tote entdeckt hat. Umgehend wird die Einsatzgruppe der MUK um Oberleutnant Gerald Buchwalder, die sich bereits seit Wochen in Eberswalde aufhält, alarmiert. In der Waldstadt, wie Eberswalde auch wegen seiner ausgedehnten Forstgebiete mit dem Biosphärenreservat Schorfheide-Chorin schon seit Jahrhunderten genannt wird, ist seit sechs Wochen die neun Jahre alte Daniela Dachs spurlos verschwunden.

Nach der Mitteilung von Rentner Vratz vergehen keine 20 Minuten, bis sich die Kriminalisten vor Ort ein eigenes Bild machen. Vorsichtig nähern sie sich dem von Vratz angegebenen Gelände. Sorgfältig wird der Weg abgesteckt, den sie benutzen, um keine irreführenden Fremdspuren zu hinterlassen. Es gibt keinen Zweifel: Im Gebüsch liegt eine mit Laub und Erde bedeckte Kinderleiche. Handelt es sich dabei um die neun Jahre alte Daniela Dachs, die seit dem 19. Oktober bisher vergeblich gesucht wurde? Die Frage kann in diesen Minuten niemand beantworten. Doch Buchwalder und seine Kriminalistenkollegen ahnen, dass der Vermisstenfall, der vom ersten Tag an »muffig war«, wie es im MUK-Jargon heißt, wenn man von einem Verbrechen ausgehen muss, zum Mordfall geworden war.

Doch es gibt Zweifel. Schließlich waren Suchtrupps der VP-Bereitschaft vor Wochen mit Spürhunden genau in diesem Gebiet zwischen Spechthausen und Eberswalde unterwegs und hatten nichts entdeckt. Wie sich später herausstellte, hatte der Suchtruppführer diesen Abschnitt, der von weiten, übersichtlich aussah und dennoch ein inselartiges, ziemlich urwüchsiges Fleckchen aufwies, aus der Ferne als ungeeignet für ein Leichenversteck eingestuft und die Suche am Wegesrand eingestellt, erinnert sich Buchwalder. Viel Aufwand bei der Ermittlung des Täters, manch unbegründeter Verdacht und für Kriminalisten wie Betroffene peinliche Befragungen hätten ohne dieses Versäumnis vermieden werden können.

Kurz nach 17 Uhr treffen die Kriminaltechniker der MUK aus Frankfurt (Oder) und der Gerichtsmediziner vom zentralen Lazarett der Nationalen Volksarmee in Bad Saarow im Range eines Oberstleutnants am Fundort ein. Regen und die hereinbrechende Dunkelheit verhindern allerdings die sofortige kriminalistische Tatortarbeit. Bis zum nächsten Morgen sichern Schutzpolizisten das weitflächig abgesperrte Terrain.

Das Gebiet im Buchenwald am Stadtrand von Eberswalde kommt einem Dreieck gleich, das vom Schwappbachweg, der zum Tierpark führt, und der Fernverkehrsstraße 2 in Richtung Bernau begrenzt wird. An der Spitze des Wäldchens steht das »Hagen«-Denkmal. Die Bronzebüste, die auf einem verzierten Sockel thront, erinnert an Otto von Hagen, der als Oberlandesforstmeister 17 Jahre lang bis zu seinem Tod im Jahre 1880 an der Spitze der preußischen Staatsforstverwaltung stand. Als oberster Förster erwarb er sich nicht nur große Verdienste um Lehre und Forschung, sondern vor allem auch um die Gemeinnützigkeit des Staatswaldes.

Vom Denkmal führt ein Trampelpfad zum Fundort der Leiche. Das Laub der jungen, dicht beieinander stehenden Buchen, das den Weg und den Waldboden mit einer dicken Schicht bedeckt, ist bereits vergilbt. Zwischen den Buchen liegen gerodete Bäume, die von einer Schneise stammen, die sich in etwa 30 Metern Entfernung durch den Forst zieht.

Die Kriminaltechniker beginnen am nächsten Morgen am »Hagen«-Denkmal mit ihrer Spurensuche, die sich über knapp zwölf Stunden hinzieht. Verdächtiges finden sie auf und neben dem Trampelpfad, der vom Denkmal zum Fundort führt, und an den überhängenden Ästen und Zweigen nicht. Erst am Liegeplatz der Leiche gibt es erste Hinweise, die mit der Tat zusammenhängen könnten. Zwei Meter vor dem rechten Fuß der Toten liegt eine stark durchnässte und schmutzige blaue Jeans. Der Bund ist geöffnet. In der rechten Gesäßtasche steckt ein Pionierausweis mit einem Foto. Die Schrift im Ausweis ist verwaschen und nicht mehr lesbar.

Zentimeter für Zentimeter tragen die Kriminalisten das Laub rings um das tote Kind ab. Laub und Erde von der Leiche werden gesondert gelagert. Unter dem Laub kommen weitere Kleidungsstücke wie eine Webpelzjacke und ein heller, stark verschmutzter Schlüpfer hervor. Der Unterkörper des Kindes ist entblößt. Es ist ein Mädchen. Um den Hals ist eine blaue, doppelt verknüpfte Strumpfhose geschlungen. Unter dem Laub entdecken die Kriminaltechniker eine Schlüsseltasche mit drei unterschiedlichen Schlüsseln. Auch zwei ausgeschlagene Zähne, die aus dem Gebiss der Toten stammen könnten, werden sichergestellt. Insgesamt sind es knapp 100 Spuren, die erfasst, nummeriert und katalogisiert werden. Darunter ist auch ein bräunlich gefärbter Lieferschein einer Großhandelsgesellschaft. Wenigstens darauf ist die Schrift der Betriebsfirma noch zu erkennen. Hinzu kommen Bodenproben, die als Vergleichsmaterial für die Ermittlung des Täters von Bedeutung sein könnten.

Erst nach der Sicherung aller Spuren wird die Leiche in die Gerichtsmedizin abtransportiert. Unter dem Körper ist der Waldboden frei von Laub. Neben den starken Verwesungen des Leichnams ist das ein weiteres Indiz für die lange Liegezeit des Opfers. Tiefe Spuren im Erdreich weisen zudem darauf hin, dass es sich bei dem Fundort mit großer Wahrscheinlichkeit zugleich um den Tatort handelt.

Noch am gleichen Tag wird der Leichnam in der Pathologie des NVA-Lazaretts obduziert. Danach steht fest, dass der Täter das Kind vergewaltigt, es massiv geschlagen und mit seiner Strumpfhose erdrosselt hat. Für die Vergewaltigung sprechen Verletzungen in der Scheide und am After. Im Labor gelingt es, aus dem Scheidenabstrich Spermaspuren zu separieren und die Blutgruppe festzustellen. Danach muss der Täter Sekretor mit der Blutgruppe A sein.

Ausgeschlagene Zähne, der Bruch des Unterkiefers und weitere Hämatome im Gesicht sind Belege für schwere körperliche Misshandlungen. Außerdem stellen die Gerichtsmediziner Rippenbrüche und Blutergüsse am ganzen Oberkörper fest. Neben den Kleidungsstücken, die bei der Toten gefunden wurden, der Personenbeschreibung und der von den Ärzten angenommenen Liegezeit der Leiche zwischen vier und acht Wochen bringt der Vergleich von Zahnbefunden die endgültige Gewissheit, dass die Tote die neun Jahre alte Daniela Dachs ist.

Sechs Wochen vorher, am 19. Oktober 1979, einem Freitag, gegen 18 Uhr. Ulrike Dachs hat Spätschicht. Sie nutzt die Pause im Betrieb, der nur ein paar Schritte von der Wohnung entfernt liegt, um für Tochter Daniela das Abendbrot zu bereiten. Eine Scheibe Brot mit Margarine und etwas

Wurst, mehr ist nicht drin. Mutter Dachs isst nicht mit. Sie zieht ohnehin flüssige Nahrung vor, vor allem Bier. Dazu gibt es ein paar Tabletten, und nicht selten ist sie nach geraumer Zeit kaum noch ansprechbar. Ulrike Dachs ist Alkoholikerin, wie viele in der Familie.

Danielas Eltern sind geschieden, der Vater hat inzwischen eine eigene Bleibe. Ab und zu kommt er vorbei und schläft auch in der Wohnung, vor allem dann, wenn er getrunken hat. Daniela vermisst ihren Vater nicht. Oft hat sie Prügel von ihm bekommen, und vor ein paar Tagen ist er deshalb vom Gericht verurteilt worden. Das ist nichts Besonderes. Fast alle Verwandten und Bekannten ihrer Familie waren schon mal im Gefängnis.

Die Neunjährige ist viel allein zu Hause und für ihr Alter schon sehr selbständig. »Ich gucke noch den Kurzfilm im Fernsehen, und dann gehe ich schlafen«, verspricht sie ihrer Mutter. »Ich habe gestern Frau Müller vom Jugendamt getroffen. Die will in den nächsten Tagen mal vorbeikommen«, erzählt sie noch schnell der Mutter, die zurück an den Arbeitsplatz muss. »Wenn die mich in ein Heim stecken wollen, reiße ich aus«, ruft Daniela ihr mit kindlicher Entschlossenheit hinterher.

Ulrike Dachs macht sich darüber keine Gedanken. Dass ihr Kind in der Stadt rumstromert, auch abends, wenn sie wie jetzt auf Arbeit ist oder mit alkoholschwerem Kopf eingeschlafen vor sich hin schnarcht, ist sie gewohnt. Daniela ist schon lange »Schlüsselkind«, und irgendwann abends ist sie noch immer wieder aufgetaucht.

Diesmal bleibt sie weg. Als die Mutter gegen 22 Uhr nach Hause kommt, ist die Wohnung leer. »Vielleicht ist sie zur Oma gegangen«, hofft sie. Dort aber hat sich das Mädchen nicht blicken lassen. Auf dem Rückweg kurz vor Mitternacht geht Ulrike Dachs bei der Polizei vorbei und informiert über das Verschwinden des Kindes. »Ich frage aber noch mal bei Verwandten nach«, verspricht sie dem Diensthabenden. Am nächsten Morgen um halb sieben erscheint die nun doch besorgte Mutter beim VPKA Eberswalde und gibt eine Vermisstenanzeige auf.

Ist Daniela diesmal wirklich von daheim ausgebüchst, weil sie nicht ins Heim will, wenn die Frau vom Jugendamt kommt? Oder hat sie Angst vor Onkel Peter? Onkel Peter und Danielas Mutter sind Geschwister. Vor ein paar Tagen erst ist der Mann aus der Haft entlassen worden und sofort wieder gewalttätig geworden, berichtet Ulrike Dachs der Polizei. Er habe sie, seine eigene Schwester, vor den Augen des Kindes vergewaltigt und Daniela gedroht: »Das nächste Mal bist du dran. Dann mache ich mit dir das Gleiche wie mit deiner Mutter, dieser Nutte.«

Dass Daniela aus welchem Grund auch immer von sich aus die Wohnung verlassen hat, ist eine von mehreren Varianten, die die Polizei bei der Suche nach dem vermissten Kind ins Auge fasst. Gut möglich, dass sich Daniela versteckt. Dafür spricht, dass sechs Flaschen Limonade, die sie am Nachmittag im Getränkestützpunkt gekauft hat, in der Wohnung nicht zu finden sind. Die Vermisste könnte sie als Wegzehrung mitgenommen haben. Denkbar ist auch, dass Verwandte oder Bekannte das Mädchen aufgenommen haben. Mehrfach hat Daniela gegenüber Freundinnen geäußert, dass sie von zu Hause abhaut, weil es ihr dort nicht gefällt. Ist sie bei ihrer Flucht durch einen Unfall ums Leben gekommen? Dafür gibt es jedoch keine Anhaltspunkte. Weder bei der Verkehrspolizei ist dazu etwas bekannt, noch finden sich in den Berichten der Streifen Hinweise. Die Polizei überprüft Angehörige und Bekanntschaften der Familie und besichtigt deren Wohnungen. Es ist eine der Routinemaßnahmen der MUK bei einem möglicherweise sexuell motivierten Verbrechen. Diese sind in vielen Fällen Beziehungstaten, nur sehr selten sind völlig Fremde, die noch nie etwas mit dem Opfer zu tun hatten, die Täter. Besonders intensiv forschen die Kriminalisten bei »Onkel Peter« sowie beim Vater von Daniela nach. Hinweise auf einen Tatverdacht ergeben sich nicht.

Denkbar, wenn auch eher hypothetisch ist für die Kripo auch, dass das Mädchen am Abend einem Unbekannten die Tür geöffnet hat, in der Wohnung getötet und danach verschleppt wurde. Erwartungsgemäß laufen die Ermittlungen ins Leere. Geringe Blutspritzer, die im Bad der Wohnung gefunden und untersucht werden, sind älteren Ursprungs.

Als sehr wahrscheinlich kristallisiert sich heraus, dass Daniela am Abend aus eigenem Antrieb die Wohnung verlassen hat, und zwar in der Kleidung, die sie den ganzen Tag getragen hatte. Bis gegen 20 Uhr wollen mehrere Zeugen das Mädchen in der Stadt gesehen haben. Demnach soll sich Daniela in der Gaststätte »Jägerstübchen« noch etwas Herzhaftes zu essen gekauft haben und auch am Pionierhaus aufgetaucht sein.

Die Polizei beginnt, öffentlich nach dem Kind zu fahnden. In Pressemitteilungen wird die Bevölkerung um Mithilfe gebeten. Daniela wird als ein etwa einen Meter zwanzig großes Kind beschrieben, das von zierlicher Gestalt ist, blaugraue Augen und blondes, welliges Haar hat, das bis zu den Schultern reicht. Bekleidet sei sie mit einer dunkelgrünen Felljacke, einem blauen, kurzärmligen Nicki mit zwei Mickymaus-Aufdrucken auf der Vorderseite, einer gelben Bluse, die mit roten und weißen Bällen gemustert ist, sowie mit roten Halbschnürschuhen, die an den Spitzen und Hacken weiß abgesetzt sind. Nach Hinweisen aus der Bevölkerung soll die Vermisste zuletzt am 24. Oktober in der Nähe des Bahnhofes gesehen worden sein.

Die mit zusätzlichen Kräften verstärkte MUK konzentriert sich auf die möglichst genaue Erfassung der Personenbewegungen im Umfeld der Vermissten. Dabei stößt sie auf einen weißen Pkw »Trabant«, von dessen Kennzeichen allerdings nur die Anfangsbuchstaben »EU …« bekannt sind. Der Fahrer soll versucht haben, mit Frauen in Kontakt zu kommen. 50 Autos mit einem entsprechenden Kennzeichen werden in den Kreisen Eberswalde, Bernau und Eisenhüttenstadt ausfindig gemacht und 125 Personen als mögliche Trabantfahrer überprüft. Außer diesen Kraftfahrern werden weitere 350 Männer erfasst, die sich zur fraglichen Zeit zwischen 19 und 21 Uhr auf den Wohngebietsstraßen aufgehalten haben. Hinzu kommt die Überprüfung der Alibis von Personen aus Eberswalde und Umgebung, die wegen Sexualdelikten vorbestraft sind.

Nach dem Fund der Leiche gehen die Kriminalisten noch einmal alle Personenbewegungen durch, die im Zuge der Ermittlungen festgestellt wurden. Von Tatverdächtigen werden Speichel- und Haarproben genommen und mit Spuren verglichen, die von der Leiche stammen. Überprüft werden auch Erdanhaftungen an Schuhen der Männer, die für die Tat infrage kommen könnten. Am Ende sind es 300 Laboranalysen, die das Kriminalistische Institut bei der Bezirksbehörde der Polizei in Frankfurt (Oder) anfertigt. »Eine besonders heiße Spur war für uns der Rest eines Lieferscheins der Großhandelsgesellschaft«, erinnert sich Kripomann Buchwalder. Im Betrieb wird der Fahrer anhand des Auftragsformulars und der Fahrtroute ermittelt. Der ist schockiert, dass er mit dem Mord an Daniela in Verbindung gebracht wird. Schließlich ist er selbst Vater und hat sich noch nie etwas zuschulden kommen lassen. Dass er in der Gegend des Fundortes der Leiche war, bestreitet der Mann nicht. Und dass der Lieferschein von ihm stammt, auch nicht. Allerdings ist die Erklärung für den Fund simpel, im Zusammenhang mit der Mordermittlung aber auch delikat. Den guten Mann hatte auf dem Bock, wie Kraftfahrer ihre Fahrerkabine nennen, ein menschliches Bedürfnis ereilt, das bei allen Bemühungen um Unterdrückung keinen Aufschub mehr duldete. Und das auf einer einsamen Landstraße ohne ein Haus weit und breit. Also wurde das Geschäft im Wald erledigt, und der Lieferzettel wurde zum Toilettenpapier umfunktioniert. Der Wind tat sein Übriges dazu und transportierte es zum Ort des Verbrechens, wo es zur heißen Spur für die Kripo wurde. »Es war für den Tatverdächtigen wie für die Kollegen, die ihn befragten, eine unangenehme Situation, selbst wenn man heute darüber lächeln kann«, so Buchwalder zu einer »heißen Spur«, die am Ende im Nichts endete.

Dennoch nähert sich die MUK dem Mörder Schritt für Schritt. Am 17. Dezember, fast drei Monate nach dem Verschwinden von Daniela, wird der 18 Jahre alte Henning Bull verhaftet.

Bull ist Sekretor und hat die Blutgruppe A. Er kommt als Verursacher des Spermas infrage. Das ist ein Indiz, aber kein Beweis, schließlich ist die Blutgruppe A kein Alleinstellungsmerkmal von Bull, und dass er Sekretor ist, auch nicht. Das trifft auf die deutliche Mehrheit der Bevölkerung zu. Nur 20 Prozent der Menschen sind sogenannte »No-Sekretoren«, bei denen Blutgruppenantigene nur im Blut und nicht auch in Körperflüssigkeiten wie Sperma oder Speichel nachweisbar sind. Allerdings deuten auch andere Spuren darauf hin, dass Bull Kontakt zu dem Mädchen hatte und wahrscheinlich am Tatort war. So wurden auf der Bekleidung des Opfers Haare von Bull gefunden, und Erdanhaftungen an seinen Schuhen weisen weitgehende Übereinstimmungen mit dem Waldboden vom Tatort auf. Zudem kannte er Daniela durch seine Freundin. Schwer in der Indizienkette wiegt auch, dass Bull ein vorbestrafter Sexualstraftäter ist, der neun Monate im Jugendwerkhof saß. In drei Fällen hatte er im Alter von 16 und 17 Jahren kleine Mädchen und Jungen sexuell belästigt und missbraucht. Ein Alibi für den Abend des 19. Oktober kann der Tatverdächtige nicht nachweisen.

Schon bei der ersten Befragung legt Henning Bull ein Teilgeständnis ab. Er gibt zu, dass er »Schweinigkeiten« mit Daniela gemacht hat. »Schweinigkeiten« sind in seinem primitiven Wortschatz sexuelle Handlungen, und das Geschlechtsteil eines Mädchens ist für ihn ein »Brötchen«.

Dabei war Bull schon fast durchs Fahndungsraster gefallen. Im Zuge der Überprüfung von Alibis vorbestrafter Sexualstraftäter hatten Polizisten, die der erweiterten MUK aus anderen Bereichen zugeteilt worden waren, Henning Bull befragt. Er sei zu Hause gewesen, hatte Bull damals versichert, was von Familienangehörigen unabhängig voneinander bestätigt wurde, sagt das Protokoll dazu aus. »Ein Kollege aus der Auswertergruppe, in der alle Ermittlungsergebnisse zusammenliefen, hatte bei diesem ›Familien-Alibi‹ ernsthafte Zweifel. Deshalb wurden diesmal erfahrene Kriminalisten losgeschickt, die Bull noch einmal auf den Zahn fühlten«, schildert Buchwalder den entscheidenden Durchbruch bei der Aufklärung des Mordes. »Er hat uns auch schnell den Tatort genannt, der sich in der Nähe eines Denkmals befinden sollte. An der von ihm bezeichneten Stelle war die Leiche aber nicht gefunden worden.«

Hatte Bull die Polizei bewusst auf eine falsche Fährte gelockt, oder war er gar nicht der Täter? »Bull reagierte richtig empört, als wir ihn damit konfrontierten«, erinnert sich Gerald Buchwalder noch gut an die Situation. »›Die Leiche muss dort liegen, wenn sie keiner geklaut hat‹, sagte er und führte uns dann tatsächlich an den Fundort hinter dem Hagen-Denkmal.« Bull hatte sich schlicht und einfach im Denkmal, von denen es in und um Eberswalde mehrere gibt, geirrt und ein falsches beschrieben.

Bull ist von Beginn an kooperativ und aussagebereit. Dennoch vergehen noch Wochen und Monate, bis all die »Schweinigkeiten« des Henning Bull, die Abgründe eines verpfuschten Lebens und auch das Versagen von Behörden aufgeklärt sind. Insgesamt 120 Seiten Aussageprotokolle werden geschrieben, die Verhöre ziehen sich über fünf Monate hin. Henning Bull werden sie nicht zu viel. Er genießt es, seinen Vernehmern gegenüberzusitzen. Der Beschuldigte gibt sich kumpelhaft, schlägt bei den Befragungen lässig die Beine übereinander, erschnorrt sich eine Zigarette nach der anderen und kommt mit der Wahrheit nur scheibchenweise heraus.

»Wenn wir zur Vernehmung in die Haftanstalt fuhren, hatten wir immer einen ausreichenden Zigarettenvorrat bei uns. Ohne ›Dampf‹ war's bei Bull ein ›Krampf‹«, beschreibt Buchwalder die Situation. »Der hätte uns ohne Zigaretten nichts gesagt. Der hatte sogar einen Vernehmer rundheraus abgelehnt und einfach auf keine Frage mehr geantwortet, weil der ihm nicht sympathisch war.«

Mitte März wird der Beschuldigte einem Psychiater der Charité vorgestellt. Dass er schon so zeitig zum Gutachter nach Berlin gebracht wird, entsetzt ihn geradezu. »Ich wollte meine Vernehmer noch etwas behalten. Da habe ich immer Zigaretten und Bohnenkaffee bekommen«, beschwert er sich beim Arzt.

Als die kriminelle Karriere von Bull beginnt, ist er vierzehneinhalb. Zu Hause sind sie fünf Kinder, der Vater arbeitet als Lokführer in Schichten, die Mutter ist als Hausfrau für die Erziehung der Kinder verantwortlich. Der älteste Bruder ist wegen Körperverletzung vorbestraft, und sein acht Jahre jüngerer Bruder »klaut, sauft und raucht auch schon«, gibt Bull bereitwillig Auskunft. Die Schule ist nicht das Ding vom kleinen Henning. Schon nach der ersten Klasse wird er in die Sonderschule umgesetzt, die für ihn mit 14 Jahren und dem Abgang aus der siebten Klasse beendet ist. Ein halbes Jahr später sitzt er das erste Mal in einem Verhörzimmer der Polizei als Beschuldigter auf einem Stuhl. Betrunken hatte er gemeinsam mit anderen geprügelt und randaliert. Die Einfalt des noch sehr kindlich wirkenden Heranwachsenden ist Anlass für eine erste nervenfachärztliche Untersuchung. Ein Psychiater der Berliner Charité hält ihn für schuldunfähig und erachtet wegen der erheblichen Entwicklungs- und Erziehungsdefizite von Henning die Einweisung in einen Jugendwerkhof als dringend notwendig. Nichts geschieht bis zur nächsten Straftat zwei Jahre später, als Bull innerhalb kurzer Zeit zwei Mädchen und einen Jungen sexuell missbraucht. Der Facharzt stellt eine erhebliche Verwahrlosung bei dem Heranwachsenden fest und weist auf die gefährliche Entwicklung in Bezug auf Sexualstraftaten hin. Nun endlich müsse Bull in einen Jugendwerkhof eingewiesen werden. Der Jugendhilfeausschuss des Rates des Kreises wird im Mai 1978 tatsächlich aktiv. Dass der äußerst gefährdete Jugendliche aus ärztlicher Sicht bereits vor zwei Jahren in ein solches Heim für Schwererziehbare aufgenommen werden sollte, war der Behörde nicht bekannt.

Auch im Jugendwerkhof geht der Trieb mit ihm durch. Mit einem 14-Jährigen macht er »Schweinigkeiten« und zwingt ihn zum Analverkehr. Einen Orgasmus erlebt er, wie bei den strafbaren Versuchen zuvor, auch diesmal nicht. Liegt es daran, dass er immer nur einen Hoden ertasten kann? Jetzt, wo er nach der erfolgreichen Hodenoperation

wieder »zwei Eier im Beutel« hat, will er es »mal richtig pro-
bieren«.

Nach neun Monaten öffnen sich für Bull die Tore des
Jugendwerkhofes. Er ist 13 Jahre alt und damit aus dem
»Werkhofalter« herausgewachsen. Entlassen wird er in den
milieu- und verwahrlosungsgeschädigten Hohlraum des El-
ternhauses, in dem er immer tiefer versinkt. Im August 1979
fängt er sich zwei Mädchen, sieben und acht Jahre alt, droht
den verschreckten Kindern mit Schlägen und fordert sie auf,
ihre Hosen auszuziehen. »Ich habe mir ihre ›Brötchen‹ angeschaut und bei einem der Mädchen auch meinen Penis
rangehalten«, beschreibt er die Tat, bei der es auch zum versuchten Analverkehr kommt.

Es sind kleine Mädchen, an die er sich heranpirscht, weniger aus pädophilen Neigungen, sondern weil ihm der Mut
fehlt, Kontakt zu Gleichaltrigen aufzunehmen. Außerdem
hat er Angst davor, dass die Größeren ein Kind bekommen
könnten, wie seine jüngere Schwester, wenn er seinen
»Schwanz ins Loch von dem ›Brötchen‹ steckt«.

Am Abend des 19. Oktober 1989 ist für den Hilfsarbeiter
die Arbeit in der Forstwirtschaft beendet. Er radelt zum
»Russenmagazin«, der auch für DDR-Bürger zugänglichen
Verkaufsstelle der sowjetischen Armee, kauft sich dort drei
Flaschen Bier und zwei Pullen Wodka zu je 1,10 Mark. In
der nächsten Stunde trinkt er das Bier und den Wodka. Mit
steigendem Alkoholpegel wächst sein sexuelles Verlangen.

Es mag kurz vor halb acht Uhr abends sein, als Bull in
der Nähe des Pionierhauses die kleine, blondhaarige Daniela Dachs sieht, ein Mädchen, das er vom Rummelplatz
kennt, als er mit seiner Freundin dort war. »Mit der mach
ich Schweinigkeiten«, schießt es ihm durch den Kopf. Das
»Hagen«-Denkmal und der Buchenwald sind nicht weit.
Der Forstarbeiter kennt die Gegend. »Dort sieht es fast wie

im Urwald aus«, erinnert er sich. Das Fahrrad stellt er in der Nähe ab. Bull schleicht sich an das Mädchen heran, fasst es an der Hand und zieht es von der Hauptstraße weg hinter sich her. »Brauchst keine Angst zu haben. Ich tue dir nichts«, versucht er ihren Widerstand zu brechen. »Wenn mich jemand sieht, sage ich einfach, das ist meine Schwester, und die muss endlich nach Hause kommen«, legt er sich im Fall einer Entdeckung in Gedanken eine Ausrede zurecht. Nur kurz kommen ihm Zweifel. »Die kennt mich. Ob ich es trotzdem mache?« Der Drang ist stärker.

Weit und breit ist keine Menschenseele zu sehen. Das Kind wehrt sich. Es ist vergeblich. Der Jugendliche ist so viel stärker als das Mädchen. Weitab von der Straße, von der nur noch in der Ferne das Licht einer einzelnen Laterne zu sehen ist, verhallen die Schreie ungehört. Wie ein Tier stürzt sich Bull auf das Kind, reißt es zu Boden und legt sich auf den Oberkörper. Mit einer Hand reißt er ihm die Sachen vom Leib, die blaue Jeans, die Strumpfhose und den Schlüpfer. Er knöpft seine Hose auf und vergewaltigt die wimmernde Daniela – von vorn, von hinten und noch einmal von vorn. Dass Samen in das »Brötchen« fließt, merkt er kaum. Das Schreien des Mädchens stört ihn nicht. »Lass sie doch. Hier hört es doch keiner«, denkt er sich.

In einem der Verhöre, in dem er wieder einmal den Tatablauf beschreibt, sagt er bei der Schilderung der Vergewaltigung plötzlich: »Ich habe es gemacht wie der Petermann mit mir. Schön war es nicht.«

»Petermann …« Die Vernehmer stutzen. »Wer ist Petermann?«

»Das ist mein Nachbar.«

»Was hat der Petermann gemacht?«

»Der hat seinen Schwanz bei mir in den Hintern gesteckt,

und in den Mund. Das tat weh und war eklig. Ich musste den Schwanz auch anfassen und ihn vor und zurück bewegen. Und dann musste ich meinen Schwanz in das Loch im Hintern von dem Petermann stecken. Bei mir ist aber nichts gekommen.«

Hennig Bull ist vierzehn, als der Nachbar ihn missbraucht. Jetzt, vier Jahre später, ist er der Täter und Daniela sein Opfer. Jetzt macht er es wie »Petermann«. Das Mädchen bettelt: »Hör auf. Das tut mir weh. Lass mich los.«

Henning Bull hört auf, doch er kommt nicht zu Verstand. »Wehe, du sagst etwas, dann kannst du was erleben«, droht er dem Kind.

»Ich sage es Mutti, Ich kenne dich ja«, bekommt er zur Antwort.

»Du machst das nicht!«

»Mach ich doch!«

»Wenn du was sagst, passiert was!«

»Ich sage es, ich sage …, ich …«

Sein bisschen Verstand lässt Bull nun gänzlich im Stich. Er schlägt zu – mit der flachen Hand und dem Handballen ins Gesicht und auf den Oberkörper seines Opfers. Mit beiden Händen umklammert er den Hals. Zudrücken mit den blanken Händen kann er nicht. Davor schreckt er zurück. Bull greift nach der Strumpfhose, schlingt die Beinlinge einmal um den Hals und verknotet sie. Daniela kann nur noch keuchen. Er wickelt die Strumpfhose ein zweites Mal um den Hals und zieht den Knoten noch fester. Der Körper unter ihm erschlafft. Bull legt sein rechtes Ohr auf den Brustkorb, einen Herzschlag vernimmt er nicht. Er will noch einmal in die jetzt Tote eindringen. In der Lage ist er dazu nicht mehr. Der Mörder fingert an ihr herum, schmeißt die Sachen auf sein Opfer, greift sich Laub und Zweige, um den Leichnam abzudecken, und steckt sich danach eine Zigarette an. Auf

Umwegen läuft er zum abgestellten Fahrrad und fährt nach Hause. Bull isst zwei Stullen zum Abendbrot, hört noch etwas Radio und geht dann zu Bett.

Der Mord spielt in seinen Gedanken keine Rolle mehr. Zu Hause spricht er dazu kein Wort, und gegenüber den Kollegen gibt sich Bull so wie immer. »Wir haben immer zusammen ›Pflaume‹ und ›Rommé‹ gespielt. An seinem Verhalten hatte sich nichts verändert. Nur einmal hat er selbst von einem Kind erzählt, das vermisst wird, und dass die Polizei deswegen in der Stadt schon Durchsagen mit dem Lautsprecherwagen macht«, berichtet später jemand dem Staatsanwalt bei der obligatorischen Auswertung des Verbrechens im Arbeitskollektiv.

Die Suche nach dem vermissten Mädchen ist in Eberswalde in aller Munde. Eine Woche nach der Tat wird Bull in der Kneipe Ohrenzeuge heftiger Diskussionen darüber, was man mit so einem perversen Kerl machen müsste. Von »Eier abschneiden« ist die Rede an den Stammtischen und vom »Kopf kürzer machen«. Bull gerät in Panik, stellt sich vor, was passiert, wenn man ihn erwischt. »Ich muss zurück, die Tote wegschaffen«, setzt sich ein Gedanke im Kopf fest, den er in den nächsten Tagen verwirklichen will. »Ich stecke sie in einen Sack und gebe den bei der Reichsbahn auf. Oder ich fahre ein paar Kilometer zum Sumpf-Pfuhl bei Malchow und schmeiße sie dort rein«, legt er sich Pläne zurecht. Zum Ort seiner Mordtat aber traut er sich nicht zurück.

Reichlich eine Woche später begeht Henning Bull ein weiteres Verbrechen. Auf einer Landstraße unweit von Eberswalde reißt er ein 13 Jahre altes Mädchen vom Fahrrad und zerrt es Richtung Wald. Dort bedroht er sein Opfer mit einem Messer und will es zum Geschlechtsverkehr zwingen. Den Tatort hat er diesmal schlecht gewählt, das Haus in der Nähe hat er nicht beachtet. Dort könnten die Schreie des Mädchens gehört werden. Bull flüchtet unerkannt.

Das Bezirksgericht Frankfurt (Oder) verurteilt Henning Bull nach nur einem Verhandlungstag im Juni 1980 wegen Mordes, versuchter und vollendeter Vergewaltigung in schwerem Fall in teilweiser Tateinheit mit sexuellem Missbrauch von Kindern und weiteren sexuellen Straftaten zu einer Freiheitsstrafe von 15 Jahren. Das Gericht folgt dem psychiatrischen Gutachten und erkennt bei Bull auf verminderte Schuldfähigkeit. Nach Verbüßung der Strafe soll der Mörder auf unbegrenzte Zeit in eine psychiatrische Anstalt eingewiesen werden.

Am 15. Februar 1991 verfügt die Staatsanwaltschaft Frankfurt (Oder) gegenüber der Strafvollzugsanstalt Brandenburg an der Havel die unverzügliche Freilassung von Henning Bull und beruft sich dabei auf den Einigungsvertrag. Nach dem nun geltenden Jugendgerichtsgesetz der BRD hätte Bull zu höchstens zehn Jahren Haft verurteilt werden können. Noch am gleichen Tag öffnen sich für Bull die Gefängnistore. In eine psychiatrische Anstalt wird er nicht eingewiesen. Einen Antrag auf Entschädigung für die über die zehn Jahre hinausgehenden Hafttage lehnt das Landgericht Potsdam ab.

NACHBEMERKUNG

Nach meinem Ausscheiden als Zeitungsredakteur wollte ich ursprünglich ein Buch über authentische Kriminalfälle schreiben. Jetzt sind es schon vier, und das liegt vor allem am großen Interesse der Leserinnen und Leser an dem, was in ihrem unmittelbaren Umfeld passiert ist und über das sie wenig erfahren haben, weil darüber in der DDR-Zeit kaum etwas zu lesen war. Was verschwiegen wurde, ist dennoch passiert. Mord und Totschlag gab es auch im Sozialismus, das ist historische Tatsache.

Weil es die Spezifik authentischer Kriminalfälle mit sich bringt, seien mir einige »rechtliche« Hinweise gestattet.

Opfer und Täter, Zeugen und Ermittler haben ein Recht auf Schutz der Persönlichkeit. Deshalb sind die Namen dieser Personen frei erfunden. Ausgenommen sind die Personen, die im Folgenden genannt werden. Auch auf genaue Ortsbezeichnungen habe ich in den meisten Fällen verzichtet. Die Dialoge in dem Buch sind keine Originalzitate, sondern anhand tatsächlicher Abläufe und Gespräche nachempfunden.

Am Ende der Recherchen und des Schreibens gibt es das herkömmlich auf Papier gedruckte Buch mit dem Namen des Autors auf dem Cover und im digitalen Zeitalter die elektronische Fassung. Was vorliegt, ist aber immer das Ergebnis vieler Beteiligter. Ihnen allen sage ich herzlich Dankeschön. Ich entschuldige mich bei denen, die mir viel Zeit für meine Fragen opfern mussten. Ich denke da an den ehemaligen Cottbuser Staatsanwalt Horst Helbig und den einstigen langjährigen Leiter der Morduntersuchungskommission in Cottbus, Hans Jakobitz. Die beiden erfolgreichen Ermittler waren nach dem Zusammenbruch der DDR heftigen Attacken und Vorwürfen ausgesetzt, die jeglicher Grundlage entbehrten. Diesem Kapitel im Fall »Grausame Rache« ein paar wenige Zeilen zu widmen, erschien mir geboten. Danke sage ich den langjährigen MUK-Chefs in Potsdam und Frankfurt (Oder), Detlef Schulze und Gerald Buchwalder, für ihre Hilfe und fachlichen Hinweise. Anliegen des Buches ist es auch, einerseits falschen Vorstellungen in der Öffentlichkeit über Kapitalverbrechen in der DDR und deren Ursachen entgegenzuwirken und andererseits deutlich zu machen, dass Kriminalisten, Staatsanwälte und Richter eine anerkennenswerte Arbeit auf dem Gebiet der Strafverfolgung leisteten. Dabei hat mich erneut die Generalstaatsanwaltschaft des Landes Brandenburg in besonderem Maße unterstützt.

Und nicht zuletzt danke ich meiner Frau Margitta für ihre Hinweise, wenn ich mich zu sehr in Details verirrt hatte, sowie für Zuspruch und Ermunterung während meiner Arbeit am Manuskript.

Wolfgang Swat

Um Interessenten für eine wissenschaftliche Aufarbeitung die Recherche zu erleichtern, sind nachfolgend den einzelnen Kriminalfällen jeweils die Aktenzeichen (Az) des erstinstanzlichen Urteils des Bezirksgerichts (BG) und der Staatsanwaltschaft (StA) zugeordnet.

Bierstreit
Az: 001 BS 10/85 BG Cottbus
131-93/84 StA Cottbus

Fund in der Jauchegrube
Az: 001 BS 4/85 BG Cottbus
131-90.84 StA Cottbus

Der Fahrradmörder
Az: 002 BS 8/74 BG Cottbus
131-33/73 StA Cottbus

Die Tote an der Wendeschleife
Az: 1 BS 4/90 BG Cottbus

Tod einer Mörderin
Az: 21 KS 3/00 Landgericht Cottbus
1560 Js 19198/99 StA Cottbus

Grausame Rache
Az: 001 BS 4/87 BG Cottbus
131-19/86 StA Cottbus

Stimme des Dämons
Az: 131-76/84 StA Cottbus

Verbotene Liebe
Az: 001 BS 5/89 BG Cottbus
131-74/88 StA Cottbus

Der Karteikartenmord
Az: I BS 7/81 BG Potsdam
131-102.80 StA Potsdam

Der Lustbiss und weitere Rätsel
Az: I BS 32/81 und I BS 25a/82 BG Potsdam

Benzinrausch
Az: S 12/82 Kreisgericht Frankfurt (Oder)
131-400/81 StA Frankfurt (Oder)

Der missbrauchte Mörder
Az: I BS 11/80 BG Frankfurt (Oder)
131-23-80 StA Frankfurt (Oder)

ISBN 978-3-360-02183-0

© 2014 Das Neue Berlin, Berlin
Umschlaggestaltung: Verlag,
unter Verwendung eines Fotos von Bigstock
Druck und Bindung: Opolgraf, Polen

Das Neue Berlin Verlags GmbH
Neue Grünstraße 18, 10179 Berlin

www.das-neue-berlin.de